MÉMOIRES

POUR SERVIR

A L'HISTOIRE DES RÉVOLUTIONS

DE POLOGNE,

Particulièrement à celle de 1794.

Par un Citoyen polonois.

A PARIS,

A la Librairie républicaine, rue Honoré, n°. 85, vis-à-vis la maison d'Aligre ;

Et chez les marchands de Nouveautés

An III de la république une & indivisible.

Les différens mémoires qui composeront l'ensemble de cet ouvrage, seront publiés successivement & dans l'ordre naturel des événemens. Sans préciser l'époque de leur publication, on peut en assurer d'avance la célérité & l'exactitude.

ERRATA

Corr. pag. 56 la lettre (g). L'indication de la note se trouvant répétée, il faudra prendre la lettre (h), & ainsi de suite jusqu'à la lettre (r) où l'ordre se trouve rétabli.

AVERTISSEMENT.

Le siècle actuel ne permet pas encore de tracer une histoire définitive des révolutions humaines : rassembler les différentes notions éparses sur leurs causes, leurs effets, leur accroissement ou leur décadence; montrer dans les choses mêmes le bien à suivre & le mal à éviter ; tracer avec fidélité les faits, & traiter avec impartialité tous les individus qui y ont joué quelque rôle. Voilà ce que réclament à-la-fois la vérité & l'histoire ; & voilà aussi ce qu'on se propose de leur offrir dans cet ouvrage.

Les matériaux qui ont servi pour sa rédaction sont les différens écrits diplomatiques respectivement présentés & publiés à Varsovie, Grodno, &c. Les bulletins des assemblées des dièctes, les notes, les conférences ministérielles, & les négociations sur les objets contenus dans les mémoires actuels, l'auteur s'étant trouvé sur les lieux pendant la plus grande partie de ces négociations, l'ouvrage qu'il met au jour, est puisé dans des circonstances dont il a été témoin. La connoissance particulière des personnes dont il parle, celle de leurs vertus, leurs foiblesses, leur caractère, leurs crimes, des motifs de leur façon d'agir, & leurs vues particulières, grandes ou refferrées, lui a été d'un secours majeur au développement exact des circonftances de ce temps. Qui a manqué par foibleffe ou par bonne-foi, par perfidie ou par lâcheté? La chofe elle-même l'indique.

Le moment actuel lui a paru convenable pour rendre cet ouvrage public: Il a cru, d'un côté, que la coalition des despotes, irrités contre les Polonois, de ce que par une guerre diverfive ils avoient contribué d'une manière évidente aux défaftres de leur dernière campagne contre les républicains français, voudroit voir la Pologne anéantie; & après s'être indemnifée par les reffources qu'elle peut y puifer, fe ranimer, ou au moins fe préfenter fous un appareil plus important pour demander la paix à la France. Il voit de l'autre, que la république française, au moyen des fuccès éclattans de cette même campagne, s'approche avec une marche impofante vers cet inftant où l'opinion générale de l'Europe, fur la paix, paroît être fondée fur la force & fur le développement même des circonftances politiques actuelles.

Obfervant d'une part la nation polonoife dans fa franche bravoure, mais dépourvue des reffources phyfiques, peu au fait des replis tortueux de la diplomatie, & par-là même facile à fe laiffer féduire; confidérant de l'autre la nation française dans sa loyauté & sa prépondérance, & par la force de ses armes, au moment à dicter la paix à ses ennemis; il est facile de prévoir que ces deux nations, dont l'une paroît déjà avoir atteint le faîte de sa gloire, tandis que l'autre se trouve penchée sur l'abîme de l'adversité, ne sont pas éloignées toutes les deux, quoique dans des circonstances différentes, des occasions qui doivent amener des négociations politiques entr'elles & les puissances coalisées contre leur liberté & leur indépendance. Le terme de l'ouverture de celles-ci, ainsi que les conditions d'une paix éventuelle, pourroient mieux être déterminés par le calcul du degré de force, des espérances des principes, des préjugés & des erreurs mêmes des puissances belligérantes, que par le moyen de la connoissance exacte des secrets diplomatiques.

Il s'ensuit de-là que celui qui, sans une analyse préalable de toute cette espèce de données, solidement discutées & approfondies, hasarderoit de fixer le terme d'une paix prochaine, ou l'étendue de ses clauses; celui-là, dis-je, n'avanceroit que des résultats vagues & gratuits. — Une pareille analyse présenteroit une matière trop ample pour pouvoir être traitée dans cet ouvrage, si même elle entroit dans son plan.

Mais puisque la paix dont il s'agit, doit

avoir un terme précis, & que les conditions qu'elle suppose, devront nécessairement être discutées, il importe que ceux qui s'en occuperont, connoissent les individus avec qui ils auront à traiter, les motifs qui les font agir, les vues qui les dirigent; enfin leur façon de penser & d'agir, ainsi que leur caractère.

Voilà ce qui m'a engagé à rendre cet ouvrage public. Les Français y trouveront quelques données utiles, & les Polonois y puiseront quelques leçons instructives dans un tableau fidèle de leur malheureuse expérience. — Un détail exact des faits passés instruit mieux les nations sur ce qui leur reste à faire dans l'avenir, que des conseils qu'un individu pourroit leur donner d'après quelques circonstances inexactement saisies, éphémères ou partiellement discutées.

Cet ouvrage pourra encore être de quelque utilité pour rectifier les idées que l'on a pu se faire sur la Pologne, d'après les récits de voyageurs à connoissances superficielles, ou même d'après la lecture d'ouvrages dans le genre de la brochure intitulée: *Histoire de la prétendue révolution en Pologne en 1791*, par Mehée. L'auteur n'ayant pas assez vécu dans ce pays, & l'ayant encore moins étudié pour le connoître, ne s'étant pas d'ailleurs mis à portée de pouvoir exactement juger toutes les personnes dont il parle dans sa prétendue histoire, n'a trouvé de meilleur moyen de faire valoir son pamphlet que par quelques facéties mordantes, par des insultes ou des calomnies auxquelles la conduite foible de quelques personnes dans le maniement des affaires publiques de ce temps là pouvoit donner lieu, mais que la nation polonoise n'a nullement méritées. Il y tourne en ridicule quelques faits remarquables de la révolution de 1791, qu'ils n'a connus que du côté où ils pouvoient prêter à la malignité de son esprit assez délié, mais non assez juste pour lui sacrifier la raison & la vérité. Après avoir passé quelque temps en Russie, y ayant même été employé par le gouvernement russe, il s'est formé la plûpart de ces idées sur la Pologne, d'après les préjugés & les passions du cabinet de Pétersbourg, dont les fureurs contre la Pologne égalent sa perfidie & son machiavélisme. C'est aussi conformément aux vues de cette puissance que dans sa prétendue histoire il donne aux Polonois le beau conseil d'envisager la constitution que la Russie leur avoit imposée en 1775, comme un effet du grand génie de Catherine, & de la préférer à celle de 1791 que la nation s'étoit donnée elle-même. Comme il faut prouver ce que l'on affirme, voici l'extrait de cette brochure imprimée chez Buisson, rue Haute-Feuille,

pag. 44. « Il est une *vérité* facile à démon-
» trer ; c'est que si jamais la Pologne a eu
» une forme de gouvernement, c'est celle
» qu'elle tenoit de la Russie. » Et plus bas.
« On s'est demandé puérilement , quel
» *droit* avoit eu l'impératrice de Russie *de*
» *donner* à la Pologne *un gouvernement ?*
» Elle les avoit tous, *car* elle avoit *celui*
» *des grands princes.* »

Il est surprenant sans doute que dans
une époque aussi fameuse que celle de
l'année 1792 , année mémorable par la
chûte de la royauté en France, on ait pû ,
sans vouloir justifier les procédés despoti-
ques de la Russie vis-à-vis de la Pologne,
contester à une nation le droit de se cons-
tituer comme bon lui semble , sans autre
motif que parce que ce droit se trouve en
opposition avec celui des *grands princes* ;
& si l'auteur d'une pareille assertion n'a
pas eu des vues perfides & contre les intérêts des peuples, du moins annonce-t-il
des préjugés, une prédilection toute particulière pour les grands princes.

PREMIER MÉMOIRE.

NÉGOCIATIONS politiques du roi de Pruſſe & de Catherine de Ruſſie, avec le gouvernement de Pologne, depuis l'année 1788 juſqu'au temps de la révolution actuelle.

AVIS PRÉLIMINAIRE.

L'OBJET principal que je me ſuis propoſé dans la première partie de cet ouvrage, eſt d'avertir mes concitoyens, que fuſſent-ils même momentanément accablés par une force prépondérante des deſpotes leurs voiſins, aucune négociation avec les perfides agreſſeurs de notre patrie, ne ſervira à conſolider ſon indépendance, ſi nous ne parvenons pas à les réduire à l'impuiſſance de nous dicter des loix.

Celui qui propoſeroit des négociations de paix avec la Pruſſe, la Ruſſie ou l'empereur d'Allemagne, avant que le ſol de ſa patrie ne ſoit purgé de leurs ſatellites, celui-là ne pourroit être que l'ennemi de ſon pays, & complice de ſes oppreſſeurs; il ſe rendroit néceſſairement l'inſtrument & l'apôtre, non pas d'un régime répu-

A

blicain, tel qu'il convient à la nation, & tel qu'elle le defire, mais d'un gouvernement que nos ennemis voudroient nous impofer, et qui ne favoriferoit que leurs intérêts aux dépens de ceux de tous les peuples.

Un pays conquis peut fe reconquerir. Ses habitans, pour redevenir libres, n'ont qu'à agir, qu'à redévelopper leur énergie contre leurs tyrans. Mais un pays livré femble perdre, auffi bien dans l'opinion vulgaire que diplomatique, toute efpèce de droit à fon indépendance.

Quelle eft donc la première alliance que les Polonois ne doivent ceffer de defirer ; qu'au contraire ils doivent cimentèr par tous les moyens qui font en leur faculté ? C'eft celle qui dans une nation réunit tous les individus par l'intérêt commun. La liberté générale, l'égalité des droits, doivent lui fervir de bafes. C'eft alors que chacun ayant un égal intérêt à la défenfe de fa patrie, celle-ci comptera autant de foldats qu'elle contient d'hommes, et la guerre des Polonois fera alors celle d'une nation entière contre les fatellites de quelques defpotes.

Telle fut auffi la manière d'agir que les Polonois avoient adoptée ; tels font les aufpices fous lefquels leur infurrection actuelle a commencé. Les calamités inféparables d'une guerre avec des barbares, n'ont pas peu contribué à rallentir un développement raifonné de ces principes. Mais efpérons que malgré tous les revers que nous avons effuyés, et que nos ennemis exagerent, foit par des menfonges payés, foit par des complaintes perfides, la guerre des Polonois contre leurs tyrans ne ceffera pas de continuer; elle changera peut-être de mode, mais fon but fera toujours le même, & auffi éternel que le peuple qui fe l'eft propofé.

L'expérience de la diète conftituante de l'année 1791, nous indique les caufes de notre chûte, & fûr-tout en ce que ceux qui fe trouvoient placés à la tête des affaires; au lieu de chercher la puif-fance de la nation dans la force intrinfèque de fes propres reffources, vouloient trouver fon in-dépendance dans des négociations avec les cabinets étrangers; auffi jamais n'a-t-on pu fe rappeller plus à propos cette maxime falutaire, que rien n'eft plus dangereux que de confier à fes voifins la garde de fa maifon.

Lorfque la Ruffie alluma chez nous le feu d'une guerre civile & étrangère dans l'année 1792, le roi de Pruffe, notre prétendu allié, fe donna-t-il la peine de l'éteindre? Non. Sa conduite envers les Polonois, reffemble à celle d'un homme qui, appellé au fecours d'une maifon en proie aux flammes, y vole les meubles les plus précieux, en chaffe le propriétaire, & s'approprie jufqu'au terrein où le malheureux incendié pouvoit encore efpérer de rebâtir fon domicile.

Mais, pourquoi chercherois-je à prouver par des comparaifons la perfidie des cabinets des rois, leurs procédés font assez horribles par leur nature ; il fuffira de jetter un coup-d'œil fur leurs effets pour infpirer aux hommes vertueux & aux nations non corrompues, toute l'indignation qu'ils méritent.

Le détail des négociations de la diète de Pologne, de 1788, ainfi que de celle de la faction de Grodno, de 1793, avec la Pruffe & la Ruffie conjointement, avec un tableau abrégé, mais exact & fidele de la conduite de Frédéric-Guillaume & de fes complices, rempliront ce but.

PREMIÈRE PARTIE.

COMMENT le roi de Prusse a-t-il coopéré à la réforme de la constitution imposée à la Pologne par la Russie, & à l'établissement de celle de 1791 ? —— Son influence dans les procédés de la diète de 1788 envers la Russie. — Alliance défensive entre la Prusse & la Pologne, conclue le 29 mars 1790. —— Le desir du roi de Prusse de s'approprier les villes de Dantzic & de Thorn. —— Protestations du même pour en démentir les soupçons. —— Médiation de l'Angleterre & de la Hollande, pour faire conclure entre la Pologne & la Prusse un traité de commerce basé sur la cession à cette dernière de Dantzic & de Thorn. —— Causes de l'accélération de la constitution du 3 mai 1791. —— L'électeur de Saxe & sa fille, déclarés successeurs au trône de Pologne. —— Le roi de Prusse félicite sur cet objet la diète. —— Traité de paix entre la Russie & la Porte ottomane. —— Rupture de l'alliance défensive par le roi de Prusse. Suspension des séances de la diète. —— Complot formé entre la Russie & les rébelles de Targowice. —— Lâcheté & perfidie du roi de Pologne. Son accession à la rebellion de Tar-

gowice. — Manœuvres de la Russie exercées contre les patriotes polonois réfugiés dans les pays ètrangers.

L'IMPÉRATRICE de Russie étant entrée en connivence avec Joseph II, empereur d'Allemagne, en 1786, pour déclarer la guerre aux Turcs, sentit le besoin de contracter une nouvelle alliance avec la Pologne, au moyen de laquelle elle pourroit s'assurer des magasins en Ukraine, et faciliter à ses troupes le passage aux frontières de la Turquie, par le territoire polonois.

Depuis le commencement du règne de Stanislas, l'ambassadeur moscovite gouvernoit la Pologne comme les pro-consuls romains gouvernoient les provinces conquises ; mais l'objet de l'alliance desirée par la Russie dans le temps d'une guerre prochaine de la Turquie, exigeoient de sa part de traiter le gouvernement polonois d'une manière plus convenable à la dignité de cette nation.

Les propositions faites relativement à cette alliance réveillèrent l'envie du roi de Prusse contre la cour de Pétersbourg ; lorsque l'impératrice lui fit annoncer qu'elle vouloit faire une alliance défensive avec la Pologne, celui-ci lui fit témoigner par son ministre à Pétersbourg, qu'il n'y confentiroit pas. Il fit annoncer le même mécontentement à Varfovie.

Trente mille hommes de l'armée pruffienne reçurent ordre de marcher fur les frontières de la Pologne, pour en impofer à ceux qui oferoient appuyer les deffeins de la Ruffie ; & le miniftre pruffien commença à s'expliquer ouvertement fur les intentions de fa cour. Il offroit une alliance de la part de fon maître.

Quoique les Polonois euffent fenti la néceffité de fe tenir en garde contre ces infinuations, ils ne purent s'empêcher de voir que l'inftant favorable de penfer à la régénération & l'indépendance de leur patrie, n'étoit pas à négliger, d'autant plus que ne pouvant efpérer, à cette époque, aucun appui du gouvernement français, dont le cabinet & les agens, également corrompus, ne favoient donner aux Polonois que les confeils lâches, *de ménager leurs oppreffeurs*, &c. (a). Ils ont cru qu'il étoit de l'intérêt du roi de Pruffe que la Pologne fût délivrée de la dépendance de la Ruffie ; que voyant que celle-ci s'étoit entendue avec l'Autriche, il devoit fe fervir de tous fes moyens pour empêcher, par de nouvelles alliances, l'accroiffement immenfe de ces deux monarchies. Ils obfervèrent qu'une alliance avec la cour de Berlin n'offroit pas autant de danger à la Pologne que celle avec la Ruffie, la Pruffe n'étant pas

une puiffance auffi formidable ; connoiffant d'ailleurs l'attachement particulier du roi de Pruffe
à la perfonne de l'électeur de Saxe ; recevant des
marques authentiques de la bienveillance de ces
deux cours par les témoignages de leurs miniftres
réfidans à Varfovie , ils fe croyoient affurés que
toutes les négociations fe faifoient de bonne-foi
à Berlin , pour l'avantage de la Pologne ; que le
roi de Pruffe coopérant à la confolidation de
l'indépendance d'une nation , recherchoit en elle
une alliée néceffaire , & l'électeur de Saxe une
amie capable d'effectuer des vues également utiles
à l'un & à l'autre.

C'eft par ces motifs & fur ces bafes que le
gouvernement polonois crut ne pouvoir rien faire
de mieux que de fe rapprocher du roi de Pruffe.

A l'ouverture des féances de la diète de 1788,
ainfi que pendant un intervalle confidérable de
temps, le roi de Pruffe fut parfaitement pallier
fa perfidie.

En effet, Guillaume aigri contre les deux cours
impériales, qui, pour lors , méprifoient fa perfonne comme fa puiffance , qui pouffoient ce
mépris jufqu'à le rendre ridicule (*b*), & qui ne vouloient pas le faire participer aux avantages qu'elles
fe promettoient d'obtenir fur la Porte ottomane,
commença à fe conduire vis-à-vis d'elles fuivant
les impulfions d'un amour-propre offenfé, & celles

de l'intérêt, qui ne lui permettoit pas d'envisager leur agrandissement respectif avec indifférence.

La première déclaration prussienne, présentée aux états assemblés de la diète, le 12 octobre 1788, prouve le dépit du roi de Prusse contre la Russie, & une opposition manifeste entre les intérêts russes & prussiens. — Après y avoir exposé à la diète que l'alliance demandée par la Russie, seroit non-seulement contraire aux intérêts de la Pologne, mais leur seroit absolument nuisible, le ministre de Prusse déclare que « ne voyant plus » dans le projet de cette alliance, qu'un projet » formé contre sa majesté, & celui d'entraîner » la république dans une guerre ouverte contre » les Turcs, & d'exposer, par une suite inévi- » table, à leurs incursions & hostilités, non- » seulement les états de la république, mais même » ceux de sa majesté prussienne, elle ne pourroit » pas se dispenser de prendre des mesures que la » prudence & sa propre conservation lui dicte- » roient, pour prévenir des desseins aussi dangé- » reux pour les deux états. »

Quoique les rois tâchent de pallier dans les actes diplomatiques, autant qu'il est possible, les expressions d'un amour-propre offensé, le dépit du roi de Prusse ne le fut pas assez dans la même déclaration. C'est là que pour déprécier la valeur des troupes russes & autrichiennes, il appelle celles de la Turquie : *heureuses dans le combat*. C'eſt là que lorſqu'il parle de l'influence moſcovite dans les affaires de Pologne , il la caractériſe *d'oppreſſion étrangère*. C'eſt là enfin , que pour exprimer le ſentiment d'ignominie dont ſe couvroient les partiſans ruſſes , il appelle *vrais patriotes & bons citoyens* ceux qu'il invite à ſe joindre à lui.

A peine la poſtérité croira-t-elle que ces propos euſſent été tenus par ce même individu qui, une année après , appelloit les deſſeins primitifs de la Ruſſie , *des vues ſalutaires* ; la réſiſtance à l'agreſſion moſcovite , *un pugillat opiniâtre du ſoi-diſant parti patriotique* , & ceux qu'il invoquoit contre la Ruſſie , au nom de bons citoyens , *intrigans de Pologne*.

L'empreſſement avec lequel le roi de Pruſſe animoit la diète à renverſer une conſtitution impoſée à la Pologne par la Ruſſie , ſe fait voir dans la ſeconde déclaration pruſſienne préſentée à la diète le 19 novembre de la même année.

Ayant appris que la diète , par un arrêté du 3 du même mois, avoit caſſé le département de guerre , faiſant partie du conſeil permanent (*c*), ce qui annouçoit une chûte prochaine de celui ci, le roi de Pruſſe ne manqua pas d'en témoigner ſa joie & ſon admiration , par l'organe de ſon miniſtre.— Voici la teneur de cette déclaration :

« Le roi a appris avec plaiſir que les illuſtres états,

» fideles à leurs juftes principes, ont réglé dans
» la féance du 3 novembre, par une fanction pu-
» blique, revêtue de toutes les formalités conf-
» titutionnelles, le commandement de leurs
» forces militaires, d'une manière qui, en affu-
» rant l'indépendance de la république, en écarte
» la poffibilité d'abus defpotiques & d'influence
» étrangère, dont tout autre arrangement auroit
» pu être fufceptible. »

Mais ce qui doit étonner davantage, c'eft que cet être verfatile, non feulement approuvoit la conduite de la diète dans fes opérations, mais encore l'encourageoit à maintenir fes droits de fouveraineté, que la garantie ruffe fembloit at-ténuer.

Dans la crainte que l'ambaffadeur ruffe & fes partifans ne miffent obftacle à l'anéantiffement de l'ancienne forme de gouvernement, en allé-guant la prétendue garantie, le roi de Pruffe l'ex-plique comme il l'entend, & comme elle doit être entendue. « Sa majefté croit pouvoir attendre
» de la prudence & de la fermeté éprouvées des
» états de la diète, qu'ils ne fe laifferont pas dé-
» tourner d'un arrangement qui fait tant d'hon-
» neurs à leur fage prévoyance, par l'allégation
» ou la préfentation de quelque garantie parti-
» culière des anciennes conftitutions; cette ga-
» rantie ne pouvant pas empêcher la république

» de ne plus jamais améliorer la forme de son
» gouvernement, sur-tout après les abus qui s'y
» sont glissés récemment, & laquelle n'est pas
» même conforme aux stipulations primitives des
» traités de 1773, sur lesquels les garanties sont
» fondées, n'ayant été signée dans la diète de 1775,
» que par la seule puissance qui la réclame à
» présent. — Le roi n'en est pas moins disposé à
» remplir envers la sérénissime république, ses
» engagemens d'alliance & de garantie générale,
» sur-tout pour lui assurer son indépendance,
» sans vouloir d'ailleurs s'immiscer dans ses affaires
» intérieures, ni gêner la liberté de ses délibé-
» rations & de ses résolutions, laquelle il garantira
» plutôt de son mieux. »

Les Polonois gémissant depuis le commencement de ce siècle sous le joug de la Russie,
croyoient voir leur sauveur dans la personne de
Frédéric-Guillaume. Aussi les réponses de la diète
aux notes précédentes, étoient-elles dictées par le
sentiment d'égards que la bonne-foi du gouvernement de Pologne sembloit lui prescrire vis à-
vis de ce prétendu ami & allié.

Après lui avoir témoigné leur reconnoissance
au sujet des assurances d'un bon voisinage &
d'une amitié toujours plus constatée, les états
assemblés lui répondirent « que, quant à l'alliance
» projettée avec la Russie, elle n'entroit nulle-

» ment dans le but de leur confédération (*d*). »
Quant aux éloges au sujet de la caſſation du département de guerre, & de l'établiſſement à ſa
place d'une commiſſion de guerre, ne dépendant
que de la diète, ils l'aſſuroient, « que ſi l'établiſ-
» ſement de cette commiſſion s'étoit attiré les
» témoignages flatteurs de ſa majeſté le roi de
» Pruſſe, la continuation des travaux de la diète,
» ſur le même objet, établiſſoit que la diète dans
» ſes loix ultérieures , ſuivît non-ſeulement les
» principes de ſon gouvernement libre & répu-
» blicain , mais qu'elle y procédât en acquérant
» journellement un eſprit plus unanime. » Et
quant à la définition de la garantie ruſſe faite par
le roi de Pruſſe, ils lui anonçoient, « que la
» nation indiſpoſée contre l'interprétation inuſitée
» & illimitée de la garantie de ſon gouvernement,
» n'étend pas ſes inquiétudes juſqu'à s'allarmer
» ſur une garantie conforme à ſon indépendance. »
Ils finiſſoient par l'encourager à perſévérer dans la
bonne-foi, & à la fermeté dans des vues auſſi
utiles à la république, eſpérant que « ſa majeſté
» le roi de Pruſſe conſolideroit à jamais la haute
» opinion que la nation polonoiſe avoit conçue
» de ſa magnanimité & de ſon caractère, qui
» réuniſſoit toujours à ſa politique la plus ſaine
» morale. »

Ce n'étoient pas ſeulement les déclarations

amicales de la part du roi de Pruffe , mais fes procédés réels qui féduifoient la loyauté polonoife. Ses liaifons avec la Turquie & l'Angleterre indiquoient à la Pologne de vrais avantages , faute de meilleurs ; & c'eft auffi par fuite de mefures convenues avec la cour de Berlin , que des ambaffadeurs polonois furent expédiés dans les différentes cours de l'Europe , & particulièrement à Conftantinople.

La Ruffie fe préparant à la guerre contre les Turcs , formoit des magafins dans les provinces mérdionales de la Pologne, contre la volonté de cette nation. Le roi de Pruffe requit , par fon miniftre à Péterfbourg , l'évacuation des troupes ruffes & de leurs magafins , appuyant par-là les follicitations de la diète.

Le cabinet de Péterfbourg, pour empêcher la diète de Pologne de donner à la nation une conftirution indépendante , & de l'arracher de fon affreufe tutelle , allumoit les brandons de la difcorde parmi le peuple de la religion grecque nonunie. Le roi de Pruffe , d'un autre côté , fe fervit de tous les moyens de négociations miniftérielles pour la décourager de la continuation d'un jeu fanglant & horrible, dans le même moment que la juftice nationale pourfuivoit les révoltés.

Les procédés de la diète étoient publics ; mais comme les effets de la bienveillance manifeftée

par le roi de Pruſſe à la nation polonoiſe, ſem-
bloient exiger des égards reſpectifs, tous les actes
diplomatiques, toutes les relations extérieures,
particulièrement celles avec la cour de Pétersbourg, furent confidentiellement communiquées
à celle de Berlin, ſoit par des notes officielles,
ſoit au moyen des conférences du comité des affaires
étrangères avec le miniſtre pruſſien.

Il faut ajouter que ces conférences avec le
miniſtre pruſſien, avoient pour témoin & en
quelque ſorte pour garant le miniſtre d'Angleterre
réſidant en Pologne. Celui-ci approuvoit par ſa
préſence aſſidue & ſes diſcours, les avis & les con-
ſeils du miniſtre de Pruſſe ; ils donnoient tous
les deux enſemble au comité, des renſeignemens
& des aſſurances ſur la marche des affaires politiques de l'Europe, d'un grand projet d'une ligue
puiſſante & fédérative qui, embraſſant la Porte
ottomane, la Pruſſe, l'Angleterre, la Hollande,
& pluſieurs princes du corps germanique, & les
alliant par les chaînons des intérêts réciproques,
arrêteroit les deſſeins orgueilleux des deux cours
impériales.

Dans cet état des choſes, le roi de Pruſſe,
s'étant aſſuré vers la fin de l'année 1789, d'une
part des diſpoſitions de la Porte ottomane, à
continuer la guerre contre la Ruſſie, & de l'ac-
croiſſement de ſon crédit, ainſi que de celui de

l'Angleterre dans le Divan, voyant de l'autre que la diète de Pologne, par des loix relatives aux impôts & à l'augmentation de l'armée, prouvoit un désir prononcé d'opérer la consolidation de l'indépendance nationale, renouvella avec ardeur les propositions d'une alliance défensive entre les deux états.

Le comité des affaires étrangères remit à l'assemblée de la diète, le procès-verbal des conférences qu'il avoit eu à ce sujet avec les ministres de Prusse & d'Angleterre.——Ces conférences avoient pour base principale, une lettre du roi de Prusse, par laquelle il assuroit la république de son inaltérable amitié pour elle, ajoutant qu'il étoit prêt à employer toutes ses forces pour la conservation *de son intégrité*; qu'il désiroit enfin, au moyen d'une alliance défensive, se rendre garant de tout ce que la prospérité de la Pologne pourroit exiger, pourvu que la forme d'une constitution prochaine lui fût connue, & qu'à cet effet la diète en déterminât les bases.

Les expressions suivantes de cette lettre ne manquerent pas de frapper tous les esprits : « Mais » quand même l'alliance entre la Pologne & la » Prusse n'auroit pas lieu, la Pologne peut être » certaine que je ne l'abandonnerai pas ; elle » peut mettre toute sa confiance dans mon ca- » ractère, dans ma façon de penser, enfin dans

la

» la connoissance de ce qui constitue mes plus
» chers et véritables intérêts ».

Dans le même rapport le comité des affaires
étrangères, annonça aux états de la diète, que le
ministre prussien l'avoit assuré au nom de son
maître, que celui-ci entrevoyoit de plus grands
avantages politiques pour la Pologne, dans l'établissement d'un gouvernement vigoureux, qui lui
garantît son existence politique, que dans l'établissement d'une armée de 300 mille hommes,
dans un état d'anarchie; que le ministre anglois,
après avoir préliminairement exposé que le salut
de la république devoit être la loi suprême, avoir
ajouté que les puissances contractantes, persuadées
que l'organisation d'une forme de gouvernement
exigeoit du temps, demandoient que les états de
la diète en déterminassent seulement une première
esquisse; qu'enfin, lorsque le comité eut demandé
à ces ministres, s'ils désiroient que leurs idées
& les conseils de leurs commettans, fussent rap-
portés aux états de la république, le ministre
prussien avoir répondu : « Je crois que même, nous
» avons droit de le demander; afin que nous
» ainsi que nos cours; ne restent pas dans l'in-
» certitude sur les prochaines destinées de la
» Pologne ».

Il se trouvoit dans l'assemblée des députés qui
s'opposoient à l'alliance avec le roi de Prusse;

mais les propofitions de celui-ci, motivées par l'utilité publique, les condamnoient au filence. D'ailleurs, tous étoient perfuadés que dans un choix d'allié, parmi les trois puiffances voifines, on ne pouvoit plus convenablement s'attacher & s'unir par des liens d'amitié, qu'avec celle qui la première aidoit la nation à fe donner un gouvernement & à redevenir puiffante ; & tous unanimement recommandèrent au comité chargé, dès le commencement de la diète, du travail d'une forme de conftitution, d'accélérer la rédaction de fes bafes, & de les préfenter aux états.

Le comité des affaires étrangères reçut en même temps l'ordre d'entrer en négociation avec la cour de Berlin, au fujet d'un traité d'alliance. On lui enjoignit en outre d'entamer des négociations pour un traité de commerce.

Les bafes d'une nouvelle conftitution furent bientôt apportées par le comité de conftitution. La diète les fanctionna ; & les négociations pour les fufdits traités d'alliance & de commerce ne tardèrent pas à être entamées.

On s'entendoit facilement fur les conditions du traité d'alliance ; mais la claufe y ajoutée relativement à celui de commerce, entravoit le travail des plénipotentiaires, & en retardoit la conclufion.

La diète s'apperçut alors que le retard dans les négociations, au fujet du commerce, pouvoit

différer & même anéantir les effets d'une alliance,
qu'il étoit urgent de cimenter avant l'explo-
sion d'une guerre que la perfidie russe méditoit,
& que la paix avec la Porte ottomane pouvoit
amener. Pour attacher au plutôt le roi de
Prusse à l'indépendance de la Pologne, on remit
à un temps ultérieur, le traité de commerce, en
se contentant d'approuver celui d'alliance défensive conclu avec lui, le 29 mars 1790, d'après
les conditions arrêtées par le comité des affaires
étrangères.

L'article I & II de ce traité garantit aux deux
parties contractantes « une amitié parfaite & une
» possession tranquille des états, provinces &
» villes de tout le territoire qu'elles possédoient au
» moment de la conclusion du traité.

L'art. III assure que « dans le cas que l'une
» des parties contractantes fût menacée d'une
» attaque hostile, ou inquiétée dans quelques-
» uns de ses états, droits, possessions ou intérêts,
» ou de quelque manière que ce soit, l'autre s'en-
» gage de la secourir, d'abord par de bons offices,
» & si ceux-ci étoient sans effet, par les secours
» militaires convenus & spécifiés dans ledit article.

Les art. IV & V portent que « dans le cas où
» les secours stipulés ne seroient pas suffisans pour
» la défense de la puissance requérante, la puis-
» sance requise les augmentera suivant la néces-

» ſté. Les troupes qui ſeront fournies par la
» partie requiſe ſeront ſous le commandement
» du général qui commandeta l'armée de la partie
» requérante.

Par l'article VII « les parties contractantes ſe
» réſervent la continuation des négociations d'un
» traité de commerce, ne le conſidérant pas comme
» une clauſe du traité d'alliance. »

Mais ce qui ſervira à prouver irrévocablement
la perfidie du roi de Pruſſe, c'eſt l'article VI.
Je l'inſère ici en entier. « Si quelque puiſſance
» étrangère vouloit, à titre d'actes & ſtipulations
» précédentes quelconques, ou de leur interpré-
» tation, s'attribuer le droit de ſe mêler des
» affaires internes de la république de Pologne,
» ou de ſes dépendances, en tel temps ou de
» quelque manière que ce ſoit, ſa majeſté le roi
» de Pruſſe s'emploiera d'abord par ſes bons offices
» les plus efficaces pour prévenir les hoſtilités par
» rapport à une pareille prétention ; mais ſi ces
» bons offices n'avoient pas leur effet, & que des
» hoſtilités réſulteroient à cette occaſion contre
» la Pologne, ſa majeſté le roi de Pruſſe, en
» reconnoiſſant ce cas comme celui de l'alliance,
» aſſiſtera la république ſelon la teneur de l'art. IV
» du préſent traité. »

Nous venons de remarquer, que de l'avis de la
diète & du roi de Pruſſe, en conſéquence même d'une

clause du traité d'alliance, les négociations pour le traité de commerce devoient être continuées ; & c'est autant pour reconnoître & rectifier les abus qui s'étoient glissés dans l'exécution du traité de commerce de 1775, que pour accélérer la conclusion d'un nouveau, qui, par des mesures plus exactement établies & observées, pût garantir les avantages réciproques des deux nations.

Lorsque dans les conférences qui s'ensuivirent, on demandoit de la part de la Pologne, au moins l'observation des clauses du traité de commerce de 1775, imposé entièrement par la force, & tout injurieux qu'il étoit ; & en conséquence l'abolissement des entraves dans les transports sur terre des marchandises du côté de la Grande-Pologne, le ministre prussien se gardoit de dénier la justice de cette demande ; mais il ajoutoit en même temps, que la levée de ces entraves étoit incompatible avec le système d'économie établi dans les états de la Silésie, & présentoit des difficultés au-dessus de la bonne volonté du roi.

Proposoit-on de la part de la Pologne un nouveau système de commerce, sur les bases d'une liberté indéfinie, le ministre prussien répondoit par le détail des pertes que pouvoit essuyer le fisc prussien, par la diminution des revenus du roi, & desquels il ne pouvoit être indemnisé que par la cession de Dantzic.

Cette dernière proposition parut être à tout bon citoyen une démarche intéressée de la part du roi de Prusse. L'ambassadeur russe & ses partisans ne manquèrent pas de profiter de l'impression qu'elle avoit faite. Ils la représentoient comme tendante à un envahissement violent du territoire polonois, & comme le préliminaire d'un nouveau partage.

Les murmures qu'éffectivement elle avoit causés, déconcertèrent Frédéric-Guillaume. Occupé des préparatifs de négociations qui alloient se tenir à Reichenbach, il se promettoit qu'au moyen de certaines conventions avec la maison d'Autriche, il pourroit régagner à la Pologne une partie de la Gallicie, & d'en obtenir en récompense les villes de Dantzic & de Thorn. Ce fut encore un motif de différer les négociations relatives au traité de commerce avec la Pologne.

Dès-lors les opérations du cabinet de Berlin, enveloppées du mystère, firent naître différentes conjectures dans la capitale, dans l'assemblée de la diète & dans tout le pays. De-là les inquiétudes, les méfiances, les emportemens contre la cour de Berlin. De-là enfin, la décision des loix fondamentales accélérée, au nombre desquelles il en fut rendue une analogue aux circonstances du jour. La voici. « Le royaume de Pologne & » le grand duché de Lithuanie, avec toutes les » provinces, palatinats, terres, districts, fiefs,

» ainsi que *toutes les villes & ports qui en dépen-
» dent*, unis à jamais à la république par des traités
» solemnels & respectifs , doivent lui appartenir
» invariablement & dans leur entière union. Au-
» cune diète , ni qui que ce puisse être, ne sera
» autorisé d'échanger , encore moins de détacher
» du corps de la république , même en partie , *par
» échange ou cession*, aucune de ses dépendances. »

Cette loi , inutile pour une nation indépendante & régie par un gouvernement vigoureux , infructueuse pour une nation foible , servit
de principal motif à la conduite versatile du roi
de Prusse.

Mais si d'un côté il lui étoit avantageux d'être
un allié intéressé de la Pologne, des plus grands
intérêts encore lui défendoient de trahir ses engagemens.

Les conférences des cours de Pétersbourg &
de Vienne avec le Divan, commençoient à devenir toujours plus marquantes , & sembloient
accélérer la fin de la guerre. La Russie , une fois
dégagée, pouvoit facilement conniver avec l'empereur pour la perte du roi de Prusse. Ce dernier
devoit donc nécessairement ménager la Pologne.

Les conférences tenues à Reichenbach, relativement aux combinaisons du traité de paix avec
la Porte ottomane , prouvent la position gênante
où se trouvoit le cabinet de Berlin. L'empereur

y ayant obtenu une garantie des plus avantageuses pour ses intérêts, en ce que la paix avec la Porte devoit être fondée sur un *statu quo*, tel qu'il avoit existé avant la guerre, donnoit, quelques mois après, au congrès de Szystow des loix à la cour de Berlin & à celle de Saint-James, qui, avant ce temps, s'étoient promises de les lui dicter, & de diriger par-là les négociations avec la Porte ottomane (e). Catherine II méprisoit également la médiation que ces deux cours vouloient employer pour terminer ses différens avec le Sultan.

Ainsi, dans l'incertitude de ses plans & des événemens d'une guerre qui pouvoit se prolonger, le roi de Prusse n'osoit pas encore dévoiler la turpitude de sa conduite perverse; craignant au contraire que les propos répandus en Europe & sur-tout en Pologne, ne détruisent son crédit, & n'affoiblissent des liens contractés avec cette nation, il tâcha soigneusement de rassurer la diète, sur sa bonne-foi & sur la constance de son amitié envers la république.

Il s'étoit répandu une nouvelle, au commencement de l'année 1791, que le ministère de Berlin avoit proposé à la cour de Vienne, d'étendre ses possessions du côté de la Gallicie, si l'empereur vouloit donner son consentement à la cession de Thorn & de Dantzic, en faveur de la Prusse. Cette nouvelle étoit trop désagréable à Frédéric-

Guillaume, pour qu'il ne tachât de l'étouffer par un démenti authentique. En effet, pour désavouer les intentions de participation au pilliage de la Pologne, intentions que l'on ne cessa de lui attribuer, il écrivit la lettre suivante à son chargé d'affaires Goltz, en lui enjoignant de la communiquer à la diète. — « Je ne peux pas assez » vous témoigner ma surprise de ce qu'une nou- » velle pareille ait pu être répandu avec tant » d'assurance en Pologne, & plus encore de ce » qu'on y ait pu donner la moindre créance à » des imputations de cette nature. Ma volonté » est que, sans perte de temps, vous devez dé- » savouer & démentir cette nouvelle, en dé- » clarant partout & dans toutes les occasions con- » venables, de la manière la plus solemnelle & » la plus positive, que ce n'est qu'une nouvelle » malicieusement inventée pour me compromettre » avec la diète, & pour exciter la méfiance de » la nation contre moi. Je peux défier, qui que » ce soit, de produire la moindre preuve, qu'il » se soit rien passé entre moi & la cour de » Vienne, qui autorise un pareil soupçon ; & » loin qu'il ait été question entre moi & cette » cour d'un nouveau démembrement de la Po- » logne, je serois plutôt le premier à m'y op- » poser. Sa majesté le roi & la sérénissime ré- » publique de Pologne peuvent y compter, &

» me doivent la conviction que mon intention
» n'a été jamais de demander aucun sacrifice ;
» mais quand j'ai énoncé le desir de faire des
» arrangemens convenables, j'ai toujours mis
» pour base, qu'ils seroient agréables aux deux
» parties, & que l'équivalent seroit jugé juste
» & suffisant. — J'espère que cette déclaration,
» en rassurant les esprits, détruira un bruit qui
» porte atteinte à mon caractère personnel, autant
» qu'à mes principes & sentimens envers l'illustre
» nation polonoise. Vous ferez de votre côté
» des recherches ultérieures, pour approfondir
» la source d'où cette nouvelle peut être sortie ».

Cette déclaration du roi de Prusse pouvoit
être sincère, quant aux nouvelles répandues au
sujet des propositions faites à la cour de Vienne :
l'envie cependant de s'approprier Dantzic & Thorn
ne cessoit de le ronger. Il ne s'agissoit seulement
que des moyens & des formes pour obtenir ce
butin sur la Pologne. Comme il ne lui paroissoit
point convenable de s'ouvrir sur cet objet direc-
tement à la diète, il en remit le soin aux ministres d'Angleterre & de Hollande.

On se rapellera que, par le traité d'alliance,
on s'étoit promis de procéder à la conclusion de
celui de commerce ; l'Angleterre & la Hollande
y devoient entrer comme parties contractantes ;
en conséquence les ministres de ces deux cours,

offrant à la république de Pologne leur alliance ; développoient dans leur conférences avec le comité des affaires étrangères, les avantages qui pourroient en réfulter pour la Pologne, ainfi que des autres liaifons politiques. Ils tâchoient de le convaincre, que des opérations commerciales entre leur pays & la Pologne, ne pourroient devenir libres, tant que la communication du commerce feroit gênée fur le territoire pruffien ; & pour faciliter cette communication par le pays du roi de Pruffe, qui étoit le maître de tous les obftacles & en-traves, il leur paroiffoit que la ceffion de Dantzic, fous la garantie de leurs cours, feroit le moyen le plus convenable pour parvenir à ce but (ſ).

Les pouvoirs du comité ne s'étendoit pas jufqu'aux facultés de traiter des objets qui confondoient des ftipulations de commerce avec la matière de l'intégrité du territoire de la république, garantie avant peu de temps par une loi fondamentale ; ne voulant cependant pas rompre les négociations, ou donner à l'avidité du roi de Pruffe un motif de chercher auprès des cabinets étrangers, des moyens de profiter aux dépens & en dépit de la république ; il expofa à l'affemblée de la diète, tout le plan de conduite que l'on avoit tenue dans cette négociation. — La diète, après les plus vifs débats fur cet objet, dans la féance du 3me. avril 1791, chargea le comité de faire part

aux miniftres anglois & hollandois, de l'arrêté
pris d'après le rapport qui lui avoit été fait. Cet
arrêté portoit : « que les états n'ayant rien décidé
» fur la ceffion de Dantzic, ils enjoignoient au
» comité de continuer les négociations entamées,
» relativement aux liaifons politiques & com-
» merciales ».

Cette réponfe de la diète fut confidérée par
lefdits miniftres, comme une oppofition à la
bafe de leur négociation, c'eft-à-dire, à la ceffion
de Dantzic, enfuite de quoi les négociations des
cours foidifantes médiatrices furent interrom-
pues. — La politique ruffe fut fatisfaite d'avoir
trouvé une circonftance d'aigrir le roi de Pruffe
contre la diète polonoife. La cour de Pétersbourg
qui, à Varfovie, faifoit fomenter les efprits contre
l'avidité pruffienne, fuggéroit à Berlin les alimens
de cette même avidité. Le comité des affaires
étrangères avertiffoit la diète, que le roi de
Dannemarck encourageoit Frédéric-Guillaume, par
fa médiation, à fe rapprocher de la Ruffie, par
l'appat d'un butin tout préparé fur la Pologne.
La déclaration de la cour de Dannemarck, commu-
niquée le 8 du mois de mars 1791, aux cours
d'Angleterre & de Pruffe, fut citée à l'affemblée
de la diète. — Les expreffions entortillées (g) qu'elle
contenoit, par qui ont-elles été dictées, à qui
appartenoient-elles, que fignifioient-elles ? Tous

cela fournit une ample matière de discussion ; &
il étoit difficile de ne pas s'appercevoir qu'elle
étoit le fruit du machiavélisme russe.

Dans ce temps même, les ministres polonois,
résidant près les différentes cours, rapportoient
à la diète, des renseignemens qui persuadoient
du dessein qu'avoient la Russie & le roi de Prusse,
d'un nouveau partage du territoire polonois.

L'effet de cet avis du comité, fut l'accélération
de la constitution, dite du 3 mai, constitution
incomplette à bien des égards, comme l'expérience
l'a démontré depuis, mais qui cependant donnoit
à la Pologne un gouvernement plus régulier,
dont ce pays ait joui depuis l'origine de son
existance politique.

C'est un malheur inséparable de l'humanité,
qu'aucune société politique ne peut s'organiser
sagement, avant d'avoir essuyé des calamités qu'y
introduisent naturellement les préjugés & les
passions humaines.

Les auteurs de cette constitution, convaincus
peut-être qu'elle ne procureroit pas à la nation cette
force & cette consistance intrinsèque, que le
sentiment individuel d'une félicité commune fait
faire germer & maintenir, entreprirent de chercher
cette force dans des relations extérieures.—Tour-
à-tour refusés ou trahis, & ne sachant où porter
leur confiance, l'électeur de Saxe, un des plus

puissant princes d'Allemagne, considéré en Europe
par ses liens de famille avec les principaux
membres du corps germanique, leur sembloit par
l'acceptation de la couronne de Pologne, pouvoir
augmenter cette force que l'on auroit dû puiser
dans la nation elle-même. Sa nomination au
trône de Pologne ainsi que celle de sa famille,
devint donc une des principales opérations de
cette diète.

Quel fut l'effet de cette démarche sur l'esprit
de Frédéric-Guillaume ? C'est ce qui s'éclaircira
au mieux par son propre aveu émis solemnellement, & contenu dans une note du comte Goltz,
chargé alors des affaires de Prusse, présentée le
19 mai 1791, au comité des affaires étrangères,
pour être soumise à la diète, avec une lettre
que lui avoit écrite le roi de Prusse en ces termes :
« J'ai reçu votre dépêche, en date du 3 mai,
» avec un supplément qui me fait part d'une
» nouvelle bien importante ; que la diète de
» Pologne a proclamé l'électeur de Saxe, suc-
» cesseur éventuel au trône de Pologne, en as-
» surant ladite succession à ses descendans mâles,
» & à défaut de ceux-ci, à la princesse sa fille
» & à son époux futur, que l'électeur de concert
» avec les états de Pologne lui aura choisi. Ensuite
» d'un penchant très-amical qui m'a toujours
» dirigé pour coopérer à la prospérité de la répu-

» blique, ainſi qu'à *conſolider ſa nouvelle conſ-*
» *titution,* penchant dont je n'ai ceſſé de donner
» des preuves qui pouvoient dépendre de moi;
» j'admire & j'applaudis à *cette démarche impor-*
» *tante* que la nation a faite, & que j'enviſage
» comme eſſentielle à conſolider ſon bonheur.
» La nouvelle que je viens d'en recevoir, m'eſt
» d'autant plus agréable, que je ſuis attaché par
» des liens d'amitié à ce prince vertueux, deſtiné
» à rendre la Pologne heureuſe, & que ſa maiſon
» jouit avec la mienne des liaiſons d'un bon
» voiſinage & de la plus intime union. Je ſuis
» perſuadé que ce choix de la république affermira
» à jamais cette *harmonie* & cette étroite intel-
» ligence entre elle & moi; je vous recommande
» de déclarer de la manière la plus ſolemnelle,
» mes félicitations ſincères au roi, aux maréchaux
» de la diète & à tous ceux qui ont contribué
» à une œuvre auſſi importante &c. »

L'invitation de l'électeur de Saxe au trône de
Pologne, aigriſſoit Catherine II; & il paroît
ſurprenant que le roi de Pruſſe, qui pour lors
avoit déjà reçu la promeſſe d'un appui pour partager la Pologne, s'oppoſoit au deſſein d'intimider
le peureux électeur, & de le faire renoncer par
là au trône de Pologne. La poſition politique de
Frédéric-Guillaume, relativement aux autres puiſ-

fances de l'Europe, explique cependant affez clairement cette conduite énigmatique.

La propofition danoife, quoique attrayante en
apparence ne pouvoit être développée & connue
dans fes détails, & d'autant moins concertée dans
ce court intervalle de temps.—Le miniftère anglois
irrité par l'influence de Catherine dans les affaires
parlementaires par le parti d'oppofition, n'étoit
pas porté fans des motifs évidens à contrecarrer
les deffeins de la Ruffie. — Le changement du
gouvernement de la Pologne, pouvoit fournir à
la Ruffie même, l'idée d'unir les intérêts des
deux nations, & d'une vengeance perfonnelle
contre le roi de Pruffe. — En France une conftitution monarchique qui exiftoit oncore, ne prêtoit
pas de motifs affez déterminés aux defpotes, depuis en fureur, pour tourner leurs armes contre
la nation françaife. —En Turquie le Vifir Joufuph
Bacha, faifoit encore de vigoureux préparatifs pour
continuer la guerre contre la Ruffie. — Il convenoit donc au roi de Pruffe, non-feulement par
des paroles, mais encore par une conduite foutenue, de faire l'ami de la république de Pologne,
& de la maifon de Saxe, devant s'allier plus
étroitement avec elles.

L'entrevue de Frédéric-Guillaume & de l'empereur Léopold à Pilnitz, au mois d'août, ainfi
que

que les conférences secrettes, tenues après à Vienne, entre cette cour & celle de Berlin, qui devoient tendre à consolider le gouvernement & la constitution de Pologne, doivent être considérées comme des résultats d'un calcul politique, mal combiné par le cabinet prussien.

Au commencement de l'année 1792, le traité de paix avec la Russie & la Porte fut conclu; les conditions en étoient bien éloignées du *status quo*, à l'établissement duquel devoient tendre les soins & l'entremise des cours de Berlin & de Londres. Le projet de la coalition contre la nation française, fut consommé, & ce n'est qu'alors que le roi de Prusse sacrifia la Pologne, & l'alliance contractée avec elle à la prétendue tutelle de la Czarine sur ce pays, ou pour mieux dire à sa vengeance, comme nous le developperons plus amplement dans la suite de cet ouvrage.

A peine la guerre avec les Turcs fut-elle terminée, que la Russie se détermina à tourner toutes ses forces contre les Polonois.

Les nouvelles qui arrivoient à Varsovie, soit de Pétersbourg, soit des différentes autres contrées de la Russie, avertirent le gouvernement polonois d'une invasion prochaine des troupes russes.

La diète commença à entreprendre des moyens de défense. Par une loi du 16 avril 1792, elle çonféra au roi des pouvoirs plus étendus, préfumant qu'en les concentrant entre les mains d'un feul, elle s'affureroit de plus d'activité & de vigeur dans les opérations militaires. On confia donc au foible Staniflas, la direction de la force armée ; on lui permit de faire un emprunt de plufieurs millions de florins de Pologne en Hollande, pour les befoins de la guerre. Avant que cette loi, fous le titre *de préparatifs de guerre* fut portée, le miniftre pruffien, demandé par le roi & le maréchal Malachowski, quelles démarches il convenoit à la diète de faire dans la circonftance d'un péril auffi imminent, renouvella fes affurances. — « Qu'il » n'étoit pas croyable que les Ruffes duffent en- » vahir le territoire de la république ; mais qu'il » étoit poffible que fous un dehors amical & » fous celui de protecteurs des mécontens, ils » s'approcheroient de fes frontières. Il ajouta » qu'il appartenoit aux Polonois d'avifer à leur » propre deftinée, & d'intéreffer par-là effica- » cement à leur fort les autres puiffances, vu » que les moyens qu'emploieroit la Pologne, » dirigeroient l'appui qu'elle en pouvoit defirer ».

C'eft avec une frauduleufe précaution, que le miniftre pruffien évitoit depuis quelque temps des explications par écrit ; & la réponfe ci-deffus, ne fatisfaifoit pas du tout à la queftion : comment le roi de Pruſſe enviſageroit l'agreſſion moſcovite?

Pour obvier à ce que l'arrêté ſur des *préparatifs à la guerre* ne fût interprêté, comme un deſſein d'agreſſion de la part des Polonais, on en fit une communication officielle à tous les miniſtres étrangers, réſidant à Varſovie, accompagnée des explications analogues aux circonſtances qui l'avoient motivée, & particulièrement au miniſtre de Pruſſe, par une note en date du 19 avril; c'eſt ce qui l'engagea à s'expliquer plus clairement : ſa réponſe différée juſqu'au 4 mai, étoit tout à fait oppoſée à la teneur des précédentes; elle portoit : — "Que
» le roi ſon maître avoit reçu cette commu-
» nication comme une marque d'attention de la
» part du roi & de la république de Pologne;
» mais qu'en même temps il lui avoit ordonné
» de déclarer qu'il ne pouvoit nullement prendre
» en conſidération les plans dont la diète s'oc-
» cupoit ».

La déclaration de guerre de la part de la Ruſſie, rendue publique le 18 mai 1792, prouva évidemment que les Ruſſes n'avoient d'autres motifs d'entrer en Pologne, que l'offenſe de la Czarine, de ce que la nation avoit renoncé à la garantie d'un gouvernement impoſé par elle, ainſi que parce que la diète légitime avoit établi, ſans ſon conſentement, une conſtitution qui lui paroiſſoit

la plus convenable , & que la nation avoit ac-
ceprée.

L'alliance défensive , contractée avec le roi de
Pruffe , donna pour lors à la diète le droit de
réclamer fon fecours. Les états firent communiquer
le 25 mai à la cour de Berlin la déclaration ruffe ,
& lui expoferent que la menace y contenue , de faire
entrer les troupes mofcovites fur le territoire de
la république , étant déjà effectuée , elle obligeoit
le gouvernement polonois de demander les fecours que le traité d'alliance lui accordoit.

Le miniftre pruffien , Lucchefini , répondit à
cette requifition par une note provifoire , où il
déclara , « qu'en attendant les ordres ultérieurs de
» fa cour , relativement à ce qui faifoit le fujet de
» la note que le gouvernement polonois lui avoit
» remife , il croyoit devoir rappeller au miniftre
» des affaires étrangères la teneur de celle qu'il
» avoit préfentée le 4 mai, de même que les
» déclarations verbales (h), renouvellées par lui
» au chancelier, aux maréchaux de la diète &
» aux membres du confeil de furveillance , ainfi
» qu'à ceux compofant la diète.» En ajoutant à
ce verbiage une perfidie perfonnelle & une
effronterie qui lui étoit ordinaire ; il finiffoit par
dire, « que ces deux démarches parfaitement con-
» formes à fon langage officiel depuis fon retour

» de Szyſtow à Varſovie, & après la révolution
» opérée le 3 mai 1791, étoient une nouvelle
» preuve de la probité reconnue du roi de Pruſſe,
» qui ne vouloit pas que la nation polonoiſe
» ignorât ſes ſentimens envers elle, & ſes ſolli-
» citudes, la voyant dans l'état critique où elle
» ſe trouvoit (L). »

C'eſt au moyen de ce charlataniſme le plus
déhonté, que Luccheſini prétendoit pouvoir an-
nuller les engagemens ſolemnellement contractés
par le roi ſon maître vis-à-vis la nation polonoiſe.

Sur ces entrefaites les troupes ruſſes avoient
déjà franchi les frontières, & combattoient avec
l'armée polonoiſe. Par une ſuite de faux calculs
& de trop de confiance dans les intentions de
Staniſlas, on limita la diète.—D'un autre côté
le gouvernement de Pologne, compoſé de quelques
traîtres repentans, ou de perſonnes de bonne-foi,
mais ignorant pour la plûpart les manœuvres
diplomatiques, ne pouvoit pas admettre facilement que Frédéric-Guillaume pût avouer ou adhé-
rer aux procédés machiavéliques de Luccheſini.
Ignace Potocki fut envoyé à Berlin. Il crut qu'en
rappellant au roi de Pruſſe toutes ſes déclarations
amicales faites conſécutivement à la diète aſſem-
blée, l'alliance qu'il avoit ſignée, & enfin toutes

ſes propres démarches contre la Ruſſie depuis le commencement de la diète, il parviendroit à engager cet allié à faire honneur à ſes engagemens; mais tous les ſoins d'Ignace Potocki furent inutiles; il trouva Frédéric - Guillaume perfidement décidé à reſter parjure, & ſe gardant, avec opiniâtreté, de démentir les procédés de l'italien Luccheſini. Auſſi Ignace Potocki ne rapporta-t-il à Varſovie que la conviction dece que Frédéric - Guillaume ne valoit pas mieux que ſon miniſtre.

Tandis que Potocki négocioit à Berlin, Staniſlas négocioit à Pétersbourg. Ce n'étoit pas la conſervation de l'intégrité du territoire polonois, ni le maintien d'une conſtitution acceptée par la nation, & qu'il avoit juré de défendre, qui le faiſoit agir, c'eſt la perte de la couronne que Catherine avoit miſe ſur ſa tête, qu'il redoutoit. Les citoyens de toutes les claſſes le preſſoient de continuer la guerre & de repouſſer vigoureuſement l'agreſſion moſcovite. Ils dépoſoient entre ſes mains des dons patriotiques en argent, en chevaux, &c.; on lui préſentoit des ſoldats que le patriotiſme avoit nouvellement armés; enfin, exceptés quelques grands criminels, dévoués à la Ruſſie, tels que Felix Potocki, Severin Rzewouski, Branicki, les deux frères Koſſakowſhi, Ozarowski, Ankwic,

toute la nation conjuroit Staniflas de fe rendre
au camp. Il rafluroit ceux qui l'y engageoient,
en leur répondant, « que ce n'étoit pas contre la
» Pologne que l'impératrice de Ruffie étoit irri-
» tée, mais contre le roi de Prufle, dont elle
» avoit juré la perte; qu'elle renonceroit à la
» guerre avec la Pologne, dès qu'elle verroit que
» la nation veut s'entendre amicalement avec
» elle; qu'au refte il valoit mieux continuer la
» guerre avec la plume qu'avec l'épée. »—Souvent
il fembloit s'occuper avec la plus grande diligence
des préparatifs de fon départ; mais ce n'étoit que
pour tromper le peuple. Toujours dans l'attente de
nouvelles favorables de Pétersbourg, il ne donnoit d'autres ordres aux troupes polonoifes que
ceux de battre en retraite. Lorfque, par ce moyen,
les ruffes s'étoient approchés de quelques lieues de
Varfovie, il reçut une lettre de la main de la
Czarine, par laquelle elle lui déclaroit qu'elle ne
lui pardonnera pas d'avoir trompé fes efpérances,
qu'après qu'il fe feroit joint aux fédérés de Targowice, qui étoient à la tête des troupes ruffes
pour anéantir la conftitution du 3 mai. Staniflas
n'eut rien de plus preffé que d'employer, pour
perdre la patrie, les pouvoirs que la diète lui avoit
attribués pour la défenfe du pays, au lieu de
tourner les forces nationales contre fes vrais en-

nemie, il les facrifia en ordonnant à l'armée excédée de fatigues par des marches & contre-marches forcées, privée de munitions, sous prétexte d'une armiftice, de dépofer les armes.

Les Ruffes arrivèrent alors à Varfovie comme des troupes amies & alliées. Staniflas fe crut être plus en fûreté au milieu des fatellites étrangers qu'au fein de fes concitoyens. Que fit-il ? Il accéda à l'acte des traîtres à la patrie, pour perfécuter les auteurs de la conftitution du 3 mai. Après l'anéantiffement de celle-ci, l'armée, le tréfor public & toutes les parties de l'adminif-tration nationale retournèrent dans les mains des valets mofcovites ; & cette partie de bons citoyens que le roi de Pruffe avoit trahie, & que celui de Pologne avoit abandonnée, n'eut à choifir qu'entre la honte de fe rendre prifonnière des Ruffes, pour être envoyée dans les déferts de Sibérie, ou la douleur de fe réfugier dans l'étranger.

Les uns fe difperfèrent dans les différentes contrées de l'Europe, fe flattant de trouver des fecours pour une nation auffi indignement trom-pée. D'autres, cachés au fond dès provinces, fe promettoient de travailler en filence à la préparer pour ofer fe relever par fa propre énergie, ou s'enfevelir fous fes ruines.

La Czarine, en attendant, exerçoit fon empire

fur la Pologne, au moyen de la protection qu'elle accordoit aux rébelles, les appellant du nom de confédérés de Targowice, pour atténuer l'horreur qu'infpiroit celui de conjurés de Pétersbourg.

A la place d'une adminiftration fagement diftribuée par la conftitution du 3 mai, l'anarchie la plus affreufe fut introduire en Pologne.

Les citoyens réfugiés dans l'étranger, fe mirent fous la fauve-garde, les uns des gouvernemens monarchiques, les autres fous celle des gouvernemens libres. La Czarine, par fes agens fecrets & publics, fut atteindre & les uns & les autres. On imputoit à ceux qui s'étoient réfugiés en Allemagne, qu'ils étoient les fauteurs & les propagandiftes du fyftême dangereux, appellé pour lors en Europe, fyftême des Jacobins ; & à ceux qui vivoient fous les gouvernemens libres, qu'ils étoient vendus au roi de Pruffe, & dévoués aux principes de monarchie. Chicanant ainfi les uns & les autres, par des motifs oppofés, qui cependant partoient tous d'une fource de vengeance habituelle aux defpotes, elle aigriffoit contre eux, en même temps les rois & les peuples, en couvrant d'opprobre & d'ignominie cette même nation, qui biêntôt devoit devenir la proie de fon infatiable avidité.

Mais les événemens ont clairement fait voir

les véritables vues de Catherine. La preuve la plus sensible de ses desseins perfides, c'est le partage de la Pologne, suite d'une connivence avec le roi de Prusse & les puissances qui jusqu'aujourd'hui font la guerre à la liberté. C'est ce qui nous reste à développer dans la seconde partie de cet ouvrage.

SECONDE PARTIE.

*sien , par rapport au partage de la Pologne.
Déclaration simultanée de ces deux cours , développant les causes du partage de ce pays.—Les chefs des fédérés de Targowice abandonnés par la Russie.—Formation d'une diète à Grodno. — Traité de cession du territoire envahi par la Russie.—Avis de Stanislas sur cet objet.—Traité pareil demandé par le roi de Prusse.—Discussion de la diète à ce sujet.—Parité de voix résolue par Stanislas.—Pacte de dépendance nationale de la Russie , décrétée par la diète de Grodno , sous le titre de traité d'alliance , stipulant la soumission de la diplomatie polonaise à celle de la Russie.— Décret sur la réduction de l'armée polonoise.— Fin de la diète de Grodno. —Idées écloses par suite de cet ordre de choses dans l'esprit de la noblesse de Pologne.*

Le dernier partage de la Pologne , ne doit pas être considéré comme un simple assouvissement de l'avidité russe & prussienne ; mais aussi comme une récompense destinée au roi de Prusse , pour les frais de la guerre contre la nation française.

Cette raison nous conduit nécessairement au développement des événemens qui lui applanirent les moyens de commettre cette agression

Nous connoîtrons encore par-là les complices & les participans à ce complot royal , qui a servi à engloutir tout un pays ; & nous saurons en même temps au juste, la part qu'y a pris la maison d'Autriche.

L'empereur Léopold par son naturel ainsi que ses principes, étoit connu pour un ami de la paix. Ayant succédé au trône impérial à son frère Joseph II, sa maison se trouvoit dans des circonstances difficiles ; & c'est ce qui lui fit desirer des liaisons plus étroites avec le roi de Prusse. Le commencement de son règne sur-tout, lui faisoit voir ces liaisons comme essentiellement utiles ; Léopold ne croyoit pas devoir suivre la même carrière qu'avoit suivie son frère. Joseph rongé toujours de la passion détendre ses états, sacrifioit tous ses rapports politiques, à l'amitié de la Czarine de Russie.

Le caractère nullement guerrier de Frédéric-Guillaume, une inclination particulière de Bischofswerder, son favori, pour l'empereur Léopold, les égards que ces deux princes témoignoient mutuellement à l'électeur de Saxe ; tout cela favorisoit le système du nouvel empereur.

Après le congrès de Pilnitz, on procéda à Vienne, sans beaucoup de difficultés, dans les derniers jours de septembre 1791, à traiter d'une alliance, au moyen de laquelle les deux cours d'Autriche & de Prusse, redoutant les effets de la révolution française, se garantissoient réciproquement leurs poſſeſſions reſpectives. Il eſt certain qu'à ce traité on avoit ajouté un article ſecret, par lequel l'intégrité, l'indépendance & une libre conſtitution en Pologne, devoient être aſſurées. Les deux cours s'engageoient en outre à ne pas permettre de contracter de mariage aux princes de leur ſang, avec l'infante de Pologne, fille de l'électeur de Saxe. On y ajouta la clauſe de s'entendre ſur ce mariage. On ſe promettoit enfin d'engager par de bons offices, Catherine à accéder à cet arrangement des choſes.

Mais la mort inopinée de l'empereur, ſurvenue en mars 1792, transforma ce traité favorable à la Pologne, en un complot de ſon déchirement & de ſa chûte; & c'eſt ſur-tout après le décès de Léopold, que l'acceſſion de la Ruſſie, à l'article ſéparé concernant la Pologne, fut éloignée.

Le miniſtère autrichien, dans ſes rapports avec la Ruſſie, inclinoit de préférence au maintien du ſyſtême de Joſeph II. Rien ne fut plus aiſé que d'y entraîner François II, empereur novice, & à la fleur de ſon âge, hétitier des pays autrichiens.

Le miniſtère de Pruſſe, préféroit les vues rapaces de Hertzberg, anciennement méditées, aux deſſeins pacifiques de Biſchofswerder, réduits à leur nullité par la mort de Léopold. — Frédéric Guillaume a donc naturellement rendu ſa confiance à la Ruſſie.

Ensuite de ces événemens Catherine II interpellée officiellement, si elle vouloit accéder au traité de Vienne, s'y refusa, par la seule raison de l'article secret relatif à la Pologne; offrant d'ailleurs à chacune de ces cours une alliance distincte & séparée.

Cette proposition ouvrit un vaste champ à de nouveaux projets contre la Pologne; & c'est alors que Catherine assura à Frédéric-Guillaume, l'effet de ses anciennes promesses, indiquées une année auparavant par l'organe du cabinet de Dannemarck, & qui montroient des avantages tous prêts sur la Pologne, pourvu que le roi de Prusse renonçat à son alliance avec cette dernière, à la garantie de son indépendance, à son influence amicale, & la sacrifiât en un mot à la vengeance de la Russie, dirigée particulièrement contre les membres de la diète constituante.

Les traces évidentes de cette trame odieuse, au moment de l'agression du territoire polonois par les troupes russes, & de l'envoi des troupes prussiennes sur les frontières de la France, se firent appercevoir dans les réponses de la cour de Berlin, aux notes de la diète de Pologne, relativement à la demande des bons offices & des secours contre les procédés violens du cabinet de Pétersbourg. C'est, ce qui par la suite, s'éclaircit encore mieux par la conduite des troupes ruffes , qui s'étant difperfées dans toute la Pologne , refpectoient cependant les palatinats de la grande Pologne, comme la portion deftinée par la Czarine, pour accomplir les promeffes qu'elle avoit faites au roi de Pruffe.

Mais comme la guerre contre la France, concertée dans le même ten ps entre les trois cours coalifées, leur fembloit promettre une prochaine & favorable réufite ; elles différèrent la détermination définitive du partage de leur proie, ajournant l'exécution des projets y relatifs au temps d'une pacification géuérale.

Précifément dans le même temps que le roi de Pologne, par fon adhéfion à la rébellion de Targowice, abandonnant la défenfe du pays, & renonçant à la conftitution nouvelle, ainfi qu'à fes fermens, facilitoit à la Ruffie fa domination fur la Pologne, les armées nombreufes des coalifés s'empreffoient par des marches rapides d'affaillir les frontières françaifes du côté de l'Allemagne. Après que Longwi eut ouvert fes portes au duc de Brunfwic, celui-ci fembloit ne plus trouver en fa marche forcée vers l'intérieur de la France , des obftacles capables de l'arrêter. Verdun tomba au pouvoir de l'ennemie ; Saint-Menehould s'attendoit au même fort, & les avant-poftes pruffiens, pénétroient jufqu'à Châlons, à-peu-près à 20 lieues de Paris.

D'un

D'un autre côté la trahifon facilitoit aux troupes autrichiennes le paffage du Rhin. Landau menacé de la prochaine arrivée du prince de Hohenlohe, fembloit défefpérer de pouvoir fe tenir. Lille & Thionville étoient bloqués, & toutes ces efpé-rances des cours coalifées, étoient encore alimentées par le défordre fomenté dans l'intérieur de la France, par Capet & fes complices.

Lorfque Lukner affoibli à la fuite de plufieurs défaites, méditoit une retraite, lorfque Lafayette abandonna l'armée avec l'élite des officiers; dans Paris, après la fameufe journée du 10 août, une lutte du defpotifme contre la liberté, entravoit la convention nationale dans la direction de la force armée pour la défenfe du pays.

Dans cet état des chofes, les coalifés avoient formé le deffein d'affembler à Luxembourg un congrès, où devoit auffi fe traiter les affaires de l'Angleterre & de la Hollande. Et c'eft-là, fans doute, que l'on fe promettoit de fixer les lots d'un grand partage à diftribuer parmi les defpotes coalifés ; c'eft-là que la France, la Pologne & les pays même de l'empire germanique devoient s'attendre à recevoir d'autres formes. C'eft-là en un mot, que l'on devoit décider des deftinées de l'Europe.

Quand les miniftres d'Autriche, de Pruffe & de Ruffie s'y étoient rendus, un bruit foudain commença à se répandre par-tout, qu'il existoit un projet d'incorporer la Baviere aux domaines de la maison d'Autriche ; bruit accrédité par les succès des armes, & qui, après l'envahissement de quelques provinces françaises, démontroit la facilité des résultats que se promettoient les puissances coalisées, d'autant plus que la balance des succès momentanés penchoit vers leurs espérances.

Mais bientôt le sort des armes ayant pris une autre tournure, les travaux du congrès de Luxembourg furent interrompus, & le congrès lui-même disparut.

L'empressement avec lequel les armées coalisées s'étoient portées en France, devint bientôt la cause de leur affoiblissement & de leurs calamités. Les Allemands se ressentirent d'une disette de subsistances & de fourrages, dans les contrées stériles de la France & exténuées par la guerre ; & le peuple renvoyant ses propriétés dans l'intérieur, s'arma pour chasser les ennemis. — Dumourier à la tête de 17000 hommes, arrêtoit la marche de Brunswic, & renforcé par l'armée de Kellerman & celle du camp établi à Soissons, il lui étoit facile de tirer des secours & des subsistances de Paris même. Les maladies multipliées dans l'armée coalisée, fatiguée par la faim & exténuée par des maladies occasionnées par les raisins de Champagne, une saison excessivement pluvieuse, les chemins abîmés par les fréquens transports militaires, & mille autres raisons convainquirent enfin Brunswic, non-seulement de l'impossibilité de continuer la guerre avec succès, mais même du danger d'un séjour plus long en France. — Une interruption des opérations militaires entre les armées respectives, donna lieu à une convention, par laquelle on permit aux troupes prussiennes de sortir de la France, sans autre condition que celle de rendre à la nation les villes & le territoire qu'elles avoient envahis.

Dès ce moment la victoire sembla précéder par-tout les armées françaises. — Montesquiou s'étoit rendu maître de la Savoie ; Anselme soumettoit le comté de Nice. Custine, après avoir défait une partie des troupes autrichiennes & d'empire, menaçoit la coalition, des coups les plus décisifs du côté du Rhin.

Le ministère prussien, instruit de nouvelles si peu favorables aux vues des puissances coalisées, & aussi préjudiciables à la réputation de l'armée prussienne, entreprit de faire regagner à son maître, en territoire du côté de la Pologne, ce qu'il perdoit en hommes du côté de la France.

Les ministres d'Autriche & de Russie, furent appelés pour se rendre de Luxembourg à Verdun. Là, le roi de Prusse expliqua la retraite de ses troupes de la France, par une furprife de la part du général français. Il allégua que c'étoit pour pouvoir continuer la guerre & s'indemnifer des pertes d'une campagne manquée , qu'il avoit au moyen d'une négociation des plus adroites, confervé fes forces ; qu'il s'en ferviroit d'autant plus vigoureufement pour la campagne fuivante, pourvu que les récompenfes promifes lui fuffent affurées. Il expofa les motifs de leur urgence , par les pertes qu'il avoit déjà effuyées, & par les rifques auxquels il s'expofoit encore. Quelque temps après tonte l'Europe fut témoin que le roi de Pruffe pour jouir au plutôt de ces récom-penfes , demandoit l'affentiment des deux autres cours , à faire entrer une partie de fes troupes dans la grande Pologne, en déclarant que ce n'étoit que fous cette condition, qu'il pouvoit fe déter-miner à continuer la guerre contre la France. Les miniftres d'Autriche & de Ruffie ayant répondu à ces propofitions qu'ils les rapporteroient à leurs cours refpectives, les conférences de Verdun furent ainfi terminées ; & le roi de Pruffe fatisfit à la convention conclue avec les Français. — Les Au-trichiens levèrent en même temps les fiéges de Lille & de Thionville. — Cuftine après s'être emparé de Mayence, occupa Francfort, & l'armée françaife y déploya les étendards républicains au-delà du Rhin. Les Français vainqueurs fous

Jemappe , s'étoient emparés de Bruxelles ; & Dumourier qui les commandoit, après avoir dans l'espace de quelques semaines soumis la Flandre autrichienne & le pays de Liège , menaçoit déjà d'un envahissement général l'Empire germanique & la Hollonde.

On n'a rappelé ici tous ces événemens militaires, connus d'ailleurs à tout le monde, que parce qu'ils ont un rapport intime avec l'objet de cet ouvrage , & , que c'est leur effet qui a accéléré au roi de Prusse, l'occasion de terminer avec la Russie, le complot du démembrement de la Pologne.

Il leur falloit encore intéresser l'empereur. L'instant favorable ne tarda pas à se présenter ; les propositions prussiennes parvinrent à la connoissance de la cour de Vienne, dans un temps où les pertes les plus sensibles, les besoins les plus urgens, & la nécessité d'un appui, pour continuer la guerre, ne lui permettoient pas d'établir des discussions avec celle de Berlin , sur l'étendue des droits qu'elle s'arrogeoit sur un tiers, ni même de différer une réponse favorable, sur laquelle elle insistoit.

C'est ainsi que le roi de Prusse, obtint ou plutôt força l'empereur d'Allemagne , à un assentiment qui le réduisoit à envisager froidement cette nouvelle violence à laquelle la Pologne a été exercée, & qui par ses suites ne devoit pas convenir à la maison d'Autriche.

Il n'est pas bien connu jusqu'aujourd'hui, en quels termes, sous quelles conditions cet assentiment a été donné ; & il y a lieu de douter que l'empereur se soit d'abord rendu purement & simplement complice d'un arrangement, par lequel la Pologne fut resserrée dans des limites aussi étroites, pour accroître la puissance d'un allié de circonstances, & reconnu comme le plus dangéreux à la maison d'Autriche.

Cependant la prochaine entrée des troupes prussiennes dans la grande Pologne, commença à être généralement connue. Mais ni le roi de Pologne, ni les rebelles de Targowice, qui avoient mis toute leur confiance dans Catherine II, appelée par eux divine, ne purent se persuader qu'elle voulut consentir à partager avec Frédéric-Guillaume, la domination qu'elle seule sembloit devoir se réserver. Les Russes même qui se trouvoient pour lors en Pologne, prévenus par l'idée des sentimens sublimes de leur maitresse, ne vouloient pas ajouter foi à la réalité de l'entreprise du roi de Prusse contre la Pologne.

Le chancelier Malahowski, en qualité de chef du département des affaires étrangères, reçut ordre de demander au ministre prussien, si l'entrée des troupes du roi son maître dans la grande Pologne,

devoir réellement avoir lieu ? La réponse du ministre étoit à ce sujet complettement négative (*j*).

Mais si le roi de Prusse n'avoit pas encore
bien expressément manifesté ses desseins intéressés
dans toute l'étendue des termes, c'est parce que
le consentement attendue de Pétersbourg, avec
une décision définitive sur l'étendue du territoire
à envahir, n'étoit pas encore arrivée.

La cour de Vienne ne pouvoit voir avec indifférence Frédéric-Guillaume étendre si loin ses
domaines ; mais il ne dépendoit pas d'elle, comme
on l'a déjà remarqué, de s'y opposer ; & les négociations entre les cours de Berlin & de Pétersbourg, s'opéroient sans aucune difficulté. Le roi
de Prusse en insistant sur l'effectuation des ré-
compenses de sa perfide conduite envers la Pologne,
ne faisoit pas difficulté à consentir à un partage
même plus avantageux pour la Russie ; car con-
noissant l'esprit de Catherine, toujours prêt à se
déterminer à dépouiller ses voisins, il pouvoit
s'attendre encore à des nouvelles indemnités. Il
s'agissoit seulement d'atténuer autant qu'il étoit
possible, l'horreur du scandale, qu'un vol de cette
nature ne pouvoit manquer de causer dans toute
l'Europe.

L'aveugle soumission du roi, des rebelles de
Targowice & de leurs suppots aux ordres de la
Russie, ne pouvoit être considérée comme une

conduite des fujets révoltés. On s'avifa donc de chercher des ennemis dans les fociétés particulières. On efpionna le peuple ; fes plaintes contre les cruautés des Ruffes, fes craintes de ne pas éprouver le même fort de la part des Pruffiens ; les confolations réciproques des malheureux ; les fouhaits & les vœux des patriotes pour le fuccès des armées françaifes ; voilà ce qui fervit de prétexte à l'entrée des troupes pruffiennes. En effet, c'eft fur des bafes de cette efpèce, que les cours de Pétersbourg & de Berlin, établirent leurs griefs contre la nation polonoife ; ajoutant que l'efprit & les maximes de la démocratie françaife s'enracinoient en Pologne ; que les intrigues des émiffaires français y trouvoient une protection puiffante ; que déjà il s'y étoit formé plufieurs fociétés populaires qui proclamoient ouvertement leurs maximes ; qu'enfin cette doctrine dangéreufe au régime monarchique, s'étoit particulièrement étendue dans la grande Pologne, & que c'eft-là que fe trouvoit le plus grand nombre de zélateurs & d'apôtres de ce faux patriotifme. — Tels font en abrégé les grands motifs contenus dans la déclaration donnée par le miniftre pruffien, en date du 16 janvier 1793, au moment où les troupes de cette puiffance, fous la conduite du général Moellendorff, entroient fur le territoire de la république, pour s'emparer de fes plus belles provinces. Ce qui eft encore à remarquer dans cette déclaration , c'eft que pour voiler les motifs réels de fon agreffion, la cour de Berlin l'appelle une mefure de précaution, afin y eft-il dit, de garantir fes provinces limitrophes de la contagion des maximes françaifes, de réduire au filence les mal-intentionnés qni excitent des mouvemens & des troubles, de rétablir & de maintenir la paix & la tranquillité publiques, & d'affurer une protection efficace aux fujets bien intentionnés (*k*).

Tandis que toutes ces circonftances menaçoient la nation polonoife d'un complot ourdi par fes voifins perfides; que la fufdite déclaration l'avertiffoit ouvertement de l'agreffion pruffienne, l'hypocrite Sievers, ambaffadeur de Ruffie, arriva de Pétersbourg à Grodno. Demandé par les chefs des rébelles de Targowice, ce que l'on devoit penfer fur l'entrée des troupes pruffiennes, & fur les intentions à cet égard de la *divine* Catherine? Il feignit la furprife, & ne donna d'autre réponfe, si-non, qu'il ignoroit les vues de Frédéric-Guillaume. Confulté depuis fur les démarches qu'il y avoit à faire pour s'oppofer à cette agreffion? Il répondit qu'en conféquence de cette confiance, que les fédérés de Targowice avoient mife dans la magnanimité de l'impératrice, & qu'elle méritoit à tous égards, il lui paroiffoit qu'on ne devoit employer aucune démarche hoftile, fans l'avoir préalablement confulté elle-même. Ces avis furent capables de féduire des hommes vendus à la Czarine ; mais ils ne le furent pas pour raffurer la nation. Le mécontentement devint général, on accufa les traîtres d'avoir vendu la patrie, pour acquérir le pouvoir de dominer fur leurs concitoyens.—Mais l'anéantiffement de la confédération de Targowice, n'entroit pas encore dans les vues de la Ruffie. Afin de prévenir les événemens qu'auroit pu produire fa chûte, dans un temps où l'on en avoit encore befoin, Sievers fuggéra aux fédérés l'idée d'entreprendre quelques mefures de défenfe ; cette idée flattant leur amour-propre, leur fervit en quelque forte de fauve-garde contre l'indignation nationale.

Ils publièrent en conféquence une proteftation contre la violente invafion pruffienne. — Cet acte contenoit dans fa première partie une fatyre de la conftitution du 3 mai, l'éloge de la Czarine, l'apologie de leur propre rébellion, & des témoignages d'amitié envers les troupes ruffes. Dans la feconde partie on répétoit les remontrances faites au roi de Pruffe, on expòfoit les violences commifes par fes troupes au moment de leur entrée ; & mettant toute la confiance dans la juftice du roi de Pruffe & dans la générofité de la Czarine, on proteftoit contre une ufurpation quelconque de la moindre partie du territoire

polonois ; on déclaroit enfin que la confédération
Targowice, n'avoit pas coopéré aux conventions
quelconques, relatives au démembrement du pays ;
que ses membres étoient prêts à défendre la liberté,
l'indépendance & l'intégrité nationale jusqu'à
l'effusion de la dernière goutte de leur sang. — Dans
chaque période de cet écrit, on appercevoit à
côté des plaintes contre la violence, l'apologie de
ses auteurs, par-tout des expressions lâches &
serviles à côté des termes hardis, & paroissant
respirer le civisme.

Après avoir publié cette protestation, les confédérés de Targowice, rédigèrent des universaux
à l'effet de convoquer l'arière-ban général de la
noblesse contre les entreprises du roi de Prusse.
Satisfaisant par-là leur vanité, ils crurent com-
plaire à la Russie, qui paroissoit toujours séparer
ses intérêts de ceux du roi de Prusse. Mais ils se
trompèrent. L'ambassadeur de Russie ne manqua
pas de leur faire observer que cette démarche
n'étoit pas dans les intentions de sa souveraine. — Les
troupes russes & prussiennes, distribuées dans les
différens districts de Pologne, avoient reçu ordre
de se tenir prêtes à assaillir tous ceux qui, par
des mouvemens insurrectionnels, oseroient mettre
obstacle à la consommation du complot des deux
cours.

Cependant tous les citoyens ne furent pas par-
là aussi intimidés qu'il parut aux agens de Cathe-

rine. Dans plusieurs districts on se préparoit à la résistance. Un feu allumé du côté de la Prusse, pouvoit étendre l'incendie jusqu'au territoire moscovite. C'est pourquoi Sievers n'eut rien de plus pressé que d'ordonner aux chefs de Targowice d'arrêter l'effet de leurs universaux pour la convocation de l'arrière-ban de la noblesse. Ce qui fut aussi exécuté au moyen d'une adresse publiée le 22 février 1793, portant en substance que, « si encore la république pouvoit avoir quelques » espérances, ce n'étoit uniquement que dans la » magnanimité de la grande-Catherine; que né- » gliger ses conseils, c'étoit accélérer la perte de » la patrie. C'est donc, continuoit-on, au nom » de la patrie que nous engageons & conjurons » tous nos concitoyens de ne pas accélérer l'anéan- » tissement de la république par des mouvemens » prématurés, & de ne coopérer à la défense com- » mune que par des mesures que la confédération » aura indiquées, & pas avant d'en être prévenus » par de nouveaux universaux devant être définiti- » vement promulgués selon nos anciens usages. »

Cette adresse ignominieuse, envoyée dans les districts, ouvrit les yeux de ceux-mêmes que les astucieux témoignages de l'amitié moscovite étoient parvenus à séduire.

S'insurger partiellement contre les satellites russes & prussiens qui remplissoient les bourgs &

les campagnes , auroit été s'expofer, par des efforts inutiles , à un rifque certain , d'autant plus que le parti du roi & celui des chefs de la ligue de Targowice , foutenus par les Ruffes , s'étant emparés de toutes les reffources de la nation , empêchoient les bons citoyens d'entreprendre des mefures auxquelles leur patriotifme , quoique dénué de toute force phyfique , ne ceffoit de les encourager.

Nonobftant les prohibitions des fédérés de Targowice , l'amour de la patrie , & le befoin de fe défaire de fes ennemis , ayant pénétré les efprits des patriotes énergiques , les engagèrent à fe concerter entr'eux fur des mefures répreffives, fuivant toutes leurs facultés.

Les patriotes réfugiés dans l'étranger , réclamoient la juftice & l'appui des nations, & furtout de celles qui favent apprécier la liberté audeffus de tous les biens du monde. L'indignation contre les rebelles de Targowice s'accroiffoit de jour en jour, de forte que les Ruffes mêmes ceffèrent de voir en eux des inftrumens utiles à leur ufurpation. — Sievers fe détermina à les abandonner à leur propre fort. Les protégeant lorfqu'ils trahiffoient la patrie , il les reconnut traîtres à la Ruffie, parce qu'ils avoient voulu, ou avoient feint de vouloir s'oppofer à l'agreffion pruffienne.

Des ordres précis , envoyés de Pétersbourg,

autorisèrent Sievers à se concerter avec le ministre prussien , par rapport au partage de la Pologne. Ensuite d'un arrangement arrêté entre les deux cours , leurs ministres respectifs présentèrent simultanément à Grodno , le 9 avril 1793 , aux confédérés de Targowice , une déclaration qui développoit les destinées de la Pologne, qu'on lui avoit préparées. — La voici.

« Les desseins que sa majesté l'impératrice de
» toutes les Russies (*L*) avoit manifestées dans
» la déclaration présentée par son ministre à Var-
» sovie , le $\frac{7}{18}$ mai de l'année passée, à l'occasion
» de l'entrée de ses troupes en Pologne , étoient
» sans doute de nature à mériter la soumission,
» le respect & même la reconnoissance de toute
» la nation polonoise (*m*). Cependant l'Europe
» a vu de quelle manière ils ont été envisagés &
» appréciés. Pour frayer la route à la confédé-
» ration de Targowice , par laquelle celle-ci pou-
» voit atteindre à la jouissance de ses droits &
» de son pouvoir légitimes (*n*) , il a fallu avoir
» recours aux armes; & les auteurs de la révo-
» lution du 3 mai 1791 , ainsi que leurs adhé-
» rens , ne quittèrent le champ de bataille ,
» auquel ils avoient provoqué les troupes russes,
» que lorsqu'ils furent vaincus par leurs efforts (*o*).
» Mais, quoiqu'une résistance ouverte eût cessé,
» elle fit place aux machinations secretes, dont

» les reſſorts ſont d'autant plus dangereux, que
» ſouvent ils ſe dérobent à la ſurveillance de
» l'œil le plus attentif, & qu'ils ſavent même
» éluder la ſurveillance des loix.

» L'eſprit de faction & de trouble a pris une
» ſi grande extenſion, que ceux qui ſe donnent
» la peine de l'inſpirer & de le rendre général,
» ayant manqué le but de leurs intrigues auprès
» des cours étrangères, où ils tachoient de rendre
» ſuſpects les deſſeins de la Ruſſie, ont tourné
» tous leurs efforts pour faſciner les yeux du
» peuple, toujours aiſé à ſe laiſſer ſéduire. Ils
» ont réuſſi au point que ce même peuple, eſt
» devenu complice de cette haine & de cette
» inimitié qu'ils ont vouées à l'empire de Ruſſie,
» après avoir été fruſtrés dans leurs eſpérances
» criminelles. Sans faire mention ici de pluſieurs
» faits généralement connus, & qui prouvent les
» inclinations méchantes du plus grand nombre
» des Polonois, il ſuffira de dire qu'ils ont ſu
» abuſer des principes d'humanité & de modé-
» ration (p), qui dirigeoient les généraux &
» officiers de l'armée de ſa majeſté l'impératrice
» dans leurs opérations & leur conduite, d'après
» les ordres exprès donnés à cet égard ; de 'ſorte
» qu'ils ſe ſont inſurgés contre eux de toutes les
» manières, ſoit en les maltraitant, ſoit en les
» tournant en ridicule ; & que les plus hardis

» d'entre eux ont ofé même parler des vêpres
» ficiliennes, les menaçant d'un fort pareil.

» Telle eft la conduite que ces ennemis du
» bon ordre & de la tranquillité que fa majefté
» l'impératrice a voulu rétablir & confolider dans
» leur patrie, ont oppofé aux vues bienfaifantes
» de cette fouveraine. On peut juger par-là de
» la fincérité des acceffions du plus grand nombre
» des Polonois à la confédération de Targowice,
» ainfi que de la permanence & de la ftabilité de la
» paix, foit dans l'intérieur de la république,
» foit au dehors.

« Mais la féréniffime impératrice, accoutumée
» depuis trente ans à lutter contre les troubles
» continuelles de ce pays (*q*), & confiante dans
» les moyens dont la providence lui fait part,
» de maintenir dans leurs limites les diffentions
» y exiftantes, auroit continué de perfifter dans
» fes foins défintéreffés, & auroit enfeveli dans
» l'oubli tous les motifs des griefs dont elle a
» à fe plaindre, ainfi que toutes les juftes pré-
» tentions auxquelles ces griefs l'autorifent, fi les
» abus d'un genre plus important & plus dan-
» gereux ne fe préfentoient avec évidence.

» La fureur fans exemple d'une nation jadis
» fi floriffante, aujourd'hui humiliée, divifée &
» penchée au bord d'un précipice tout prêt à
» l'engloutir ; cette fureur, au lieu de fervir à

ces

» cés perturbateurs, de motifs à reculer, leur
» paroît au contraire un exemple digne d'être
» suivi.—Ils travaillent sans relâche à introduire
» au sein de la république cette doctrine infernale,
» qu'une secte impie, sacrilège & inique a en-
» fantée pour le malheur & l'anéantissement de
» toutes les sociétés ecclésiastiques, civiles & po-
» litiques. Déjà des clubs affiliés avec celui des
» jacobins de Paris (r), sont établis dans la ca-
» pitale & dans plusieurs provinces de la Pologne.
» Ils vomissent leur poison secret, en infectent
» les esprits & fomentent leur fermentation.

» L'établissement de ce foyer qui alimente un
» feu aussi dangereux pour toutes les puissances
» voisines de la Pologne, a dû naturellement exciter
» leur surveillance & leur atenttion.

» Elles se sont déjà occupées de la recherche
» commune de mesures les plus efficaces, pour
» étouffer le mal dans sa source, & pour dé-
» tourner cette épidémie de leurs propres fron-
» tières (s).

» Leurs majestés l'impératrice de Russie & le
» roi de Prusse, avec l'assentiment de sa majesté
» l'empereur des Romains, n'ont pu trouver de
» moyen plus efficace pour leur sûreté respective,
» que celui de resserrer la république de Pologne
» dans des limites plus étroites (t), en lui fixant
» une existence & des proportions relatives au

E

» degré convenable à une puissance du moyen
» ordre, & qui puissent lui procurer & assurer,
» sans préjudicier à son antique liberté, un gou-
» vernement sage & régulier, & en même temps
» assez vigoureux & assez actif pour obvier &
» appaiser tous les désordres & troubles qui ont
» si souvent interrompu sa propre tranquillité,
» ainsi que celle de ses voisins.

» Étant donc parfaitement unis par un accord com-
» mun de vues & de principes, leurs majestés l'im-
» pératrice de toutes les Russies & le roi de Prusse,
» sont intimement persuadées, qu'elles ne peuvent
» mieux prévenir un anéantissement total de la
» république, dont elle est menacée par des
» dissentions qui y règnent, & sur-tout par ces
» maximes dangereuses qui ont égaré ses ha-
» bitans, qu'en adjoignant à leurs domaines res-
» pectifs celles de ses provinces qui les avoi-
» sinent (u), & les prenant incessamment en pos-
» session actuelle, afin de les garantir à temps
» des effets horribles de ces maximes que l'on ne
» cesse d'y faire propager. Leurs dites majestés
» déclarent à toute la nation polonoise en gé-
» néral, leur constante & immuable détermination
» à cet égard. Elles l'invitent de s'assembler au
» plutôt en diète, à l'effet de s'arranger à l'amiable
» sur cet objet, ainsi que de coopérer à l'effet
» des desseins salutaires qu'elles ont de lui as-

» furer pour l'avenir un état de paix permanent;
» & un gouvernement ftable & folide . ».

Un écrit auffi abfurde ouvrit les yeux, même aux fcélérats de Targowice.

Felix Potocki attribuant au machiavélifme des miniftres mofcovites les ordres de la Czarine, s'en alla à Péterbourg mendier à fes pieds l'éloignement des calamités dont il s'étoit rendu l'inftrument (*).

Branicki, ci-devant grand général, ayant pour femme une nièce de Potemkin, & femme-dechambre de l'impératrice, borna fon ambition à l'honneur d'être le mari d'une fuivante de Catherine.

Severin Rzewuski émigra en Gallicie, y cherchant un afyle contre l'indignation de fes conpatriotes.

L'éloignement de ces trois perfonnes ne caufa pas le moindre préjudice aux affaires de Catherine. Leur conduite retourna entre les mains de fon antique favori Staniflas Augufte. Les principaux agens fubalternes furent les deux frères Koffakowzki, l'un évêque de Livonie, & l'autre grand général de Lithuanie, Ankwicz & Ozarowski, tous gens avides d'argent, de diftinctions & d'emplois, diffipateurs de leurs propres biens, par des moyens auffi honteux que ceux dont ils fe font fervi pour les acquérir, infatiables &

E 2

toujours indigens, ils s'étoient vendus à la Ruſſie.

C'eſt à cette clique qu'il faut attribuer l'opprobre duquel la nation polonoiſe eſt obligée de ſe laver aux yeux de l'univers.

Nous avons vu dans la déclaration ſimultanée des cours de Petersbourg & de Berlin, ci-deſſus citée, qu'elles demandoient la convocation d'une diète qui légitimât leur vol. Cette demande paroiſſoit au premier coup-d'œil difficile à remplir ; la nation polonoiſe ayant fléchi ſous la puiſſance tyrannique des deſpotes voiſins & de leurs ſatellites, ne vouloit pas ſe laiſſer réduire à une lâche légaliſation des torts qu'elle venoit d'eſſuyer, ni ſe prêter au joug humiliant d'un auſſi vil esclavage.

Aſſembler pour former une diète des députés des provinces envahies, c'étoit la même choſe pour la Ruſſie, que d'expoſer ſon entrepriſe au riſque d'inéficacité ; car, comment auroit-elle pu prétendre que ceux qu'elle forçoit à devenir ſes ſujets, approuvaſſent par des ſuffrages librement émis & perſonels, qu'elle étoit en droit de les rendre ſes esclaves ? Et quant aux citoyens du pays reſté à la Pologne, ceux-ci n'avoient ni l'intention, ni le droit de vendre ou de céder leurs frères, auſſi s'oppoſoient-ils ouvertement à envoyer des députés à la diète de Grodno.

Il ne reſta donc aux agens ruſſes & aux in-

grigans, ayant à leur tête Staniſlas, que de faire
envoyer des univerſaux pour l'election des députés,
ſauf aux Ruſſes de coopérer par leur préſence
au choix des complices d'une œuvre de perſidie
nouvellement méditée.

Auſſitôt que les univerſaux avoient été diſtribués
dans les diſtricts, & que les ſatellites ruſſes y
cantonnés, s'étoient aſſurés contre les tentatives
des patriotes, ils ramaſſèrent des grouppes de
joueurs, d'ivrognes & de gens ſans aveu, en
formèrent les diètines, (aſſemblées primaires),
& facilitèrent ainſi le choix des individus, tels
qu'il en falloit pour favoriſer les deſſeins des
agreſſeurs.

La diète de Grodno fut donc compoſée de
ce qu'il y avoit de plus mauvais citoyens.

C'eſt à cette diète que la Ruſſie eſt redevable
de cet acte infâme qui, ſous le nom de traité
de ceſſion du territoire qu'elle avoit envahi, fut
ſigné à Grodno, le 22 juillet 1793, par une députation déſignée à cet effet. Il n'y avoit qu'un
petit nombre de députés, ſur le choix deſquels
les Ruſſes s'étoient trompés, qui s'oppoſoient à
cette iniquité; mais leur oppoſition & leur voix
furent étouffées par la vociſération d'une pluralité
de traîtres & de lâches.

Le roi, après avoir témoigné qu'il *ne coopéroit
pas* au démembrement de la Pologne, mais que

seulement il y adhéroit, conseilloit dans son style larmoyant de satisfaire aux vœux de la Russie, & de souscrire à la perte d'une partie pour sauver le reste.

Les frères Kossakowski, répandoient leurs avis dans toute l'assemblée & dans toutes les sociétés particulières, en soutenant que la soumission de la diète à la Czarine, rallentiroit l'activité de celle-ci à faire terminer les négociations avec la Prusse.

Tous les autres agens russes suggéroient mystérieusement aux plus crédules l'espérance, que cet acte d'approbation ne serviroit à la Russie, que de prétexte pour séduire le roi de Prusse par une apparence de procédés hostiles envers la Pologne; mais que l'impératrice non-seulement restitueroit ce qu'elle venoit d'usurper, mais que même elle se serviroit de tous ses moyens pour anéantir le roi de Prusse, se vengeant sur lui de ce qu'il avoit fomenté contre elle les Polonois dans le courant de la diète de 1788.

C'est par de pareilles absurdités que les membres de la diète de Grodno se laissèrent entraîner au crime, & qu'ils autorisèrent leur députation à signer le prétendu traité de cession.

A peine ce traité fut-il signé en faveur de la Russie, qu'on entendit la même demande de la part du ministre de Prusse, insistant sur ce qu'on autorifât cette même députation, ou qu'on en nommât une autre pour traiter avec lui.

La difcuffion ouverte fur cet ob,et défilla les yeux aux moins clairvoyans. On procéda aux voix pour décider la queftion, fi une députation demandée de la part du roi de Pruffe devoit être nommée ou non ? Le hafard voulut que le nombre des fuffrages pour la négative fut égal à celui pour l'affirmative. — Le roi à qui il appartenoit de droit de réfoudre la parité, la réfolut en faveur de la Pruffe. — Ainfi le fort dans ce jour-là permit à Staniflas Augufte d'être non-feulement un roi malheureux, mais même plus criminel que toute une moitié de mauvais citoyens députés, dans une diète la plus perfide de toutes celles qui l'ont précédé.

Cette députation effuyoit cependant beaucoup plus de difficultés de la part de la diète, que celle qui avoit traité avec la Ruffie. Mais Sievers & Bubholtz furent lever tous les obftacles. Le premier ayant fait entourer de troupes le château où fe tenoit l'affemblée ; menaça fes membres de les faire maffacrer tous fans exception, fi dans la même journée, 2 feptembre, ils ne portoient un décret définitif autorifant la députation à figner fous la médiation de la Czarine, le traité de ceffion en faveur du roi de Pruffe.

Quelques membres de la diète oférent ouver-

autorisât cette même députation, ou qu'on en nommât une autre pour traiter avec lui.

La discussion ouverte sur cet objet défilla les yeux aux moins clairvoyans. On procéda aux voix pour décider la question, si une députation demandée de la part du roi de Prusse devoit être nommée ou non ? Le hasard voulut que le nombre des suffrages pour la négative fut égal à celui pour l'affirmative. — Le roi à qui il appartenoit de droit de résoudre la parité, la résolut en faveur de la Prusse. — Ainsi le sort dans ce jour-là permit à Staniflas Auguste d'être non-seulement un roi malheureux, mais même plus criminel que toute une moitié de mauvais citoyens députés, dans une diète la plus perfide de toutes celles qui l'ont précédé.

Cette députation essuyoit cependant beaucoup plus de difficultés de la part de la diète, que celle qui avoit traité avec la Russie. Mais Sievers & Buhholtz furent lever tous les obstacles. Le premier ayant fait entourer de troupes le château où se tenoit l'assemblée ; menaça ses membres de les faire massacrer tous sans exception, si dans la même journée, 2 septembre, ils ne portoient un décret définitif autorisant la députation à signer sous la médiation de la Czarine, le traité de cession en faveur du roi de Prusse.

Quelques membres de la diète osèrent ouver-

La franchife, fruit heureux de la fimplicité, qui eft une vertu nationale en Pologne, & fur-tout ce courage d'une jeuneffe belliqueufe, impatient de fe déployer, manqua d'éventer quelques mesures de l'infurrection projettée. Quelques propos menaçans tenus contre les fatellites ruffes, par fuite de cette vivacité qu'infpire à la fois l'horreur & la préfence du crime, un preffentiment fecret, mais finiftre des agens de leur cour, les avertirent d'un danger prochain. Il forcèrent la diète de Grodno avant la clôture de fes féances, à réduire l'armée de la république à 12 mille hommes, fous prétexte que la Ruffie s'étoit engagée à défendre par fes propres forces, l'intégrité du refte de la Pologne, en vertu d'un traité d'alliance féparément contracté avec la diète, le 14 octobre 1793.

Ce prétendu traité d'alliance confidéré dans fes claufes, ne pût être envifagé par la nation que comme un pacte de connivence, auquel les citoyens n'ont jamais pu confentir; non plus qu'à confier à un raffemblement de gens fans aveu, prétendus députés à la diète de Grodno, le pouvoir de difpofer de leur fort, & de tranfmettre à la Czarine le droit inaliénable de la fouveraineté nationale. En vertu de cette alliance fcandaleufe, toutes les opérations majeures du gouvernement, même les principales parties de l'adminiftration intérieure, le maniement des affaires étrangères, le droit de faire la guerre & la paix, étoient soumis à la disposition de la Czarine & de ses agens.

Par la réduction de l'armée, on privoit les Polonois, d'une force intérieure ; par la translation du maniement des relations extérieures entre les mains des agens diplomatiques de la Russie, on mettoit un obstacle nouveau à toute influence des nations interressées à l'existence & à l'indépendance politique de la Pologne.

Elle fut terminée enfin, cette diète inique : la république depuis son existance ne s'étoit pas vue compromise d'une manière aussi ignominieuse, & il paroissoit que c'étoit le dernier coup porté à son existence politique.

Mais tous ces malheurs qui sembloient effacer la Pologne du nombre des nations, ont donné à ses citoyens une impulsion suffisante pour reconquérir son antique indépendance.

Les nobles trompés par le roi de Prusse, accablés & réduits à l'esclavage par Catherine, abandonnés par le perfide Staniflas, se font enfin convaincus que rien n'avoit tant contribué à la chûte de la république, à l'avilissement de la nation, qu'une méfiance dans ses propres forces ; cette connoissance de cause les détermina à invoquer l'appui d'une autre puissance pour relever la patrie. Ils l'ont trouvé dans la classe nombreuse des habitans des villes & des campagnes. — Il est constant que la servitude que fait endurer l'aristocratie, n'est pas moins accablante que celle que les despotes font supporter à leurs prétendus sujets. Aussi la plus grande partie des nobles de Pologne se sont-ils convaincus d'une manière irrécusable, que la conservation de leur liberté individuelle leur étoit impossible, s'ils ne la rendent commune à tous les habitans. — Le monstre de l'aristocratie s'est baissé devant la majesté du peuple, & les privilèges ont été sacrifiés aux droits imprescriptibles de l'homme. L'esprit de la liberté a réuni tous les cœurs, & c'est cet esprit qui est devenu en Pologne, le créateur de ces nombreux traits de patriotisme & de courage, dont depuis plus d'un siècle l'Europe n'avoit été témoin.

Les temps passés & les temps actuels ont fait éclorre des événemens où le peuple polonois rendu un jour à son indépendance, doit puiser des leçons salutaires. La Pologne sera encore une puissante république ; les préjugés & les privilèges seront solemnellement déposés sur l'autel de la liberté ; une force intrinsèque consolidée, rapprochera & cimentera des liaisons utiles avec des nations étrangères. Mais pour que des destinées aussi heureuses puissent être achevées, gardez vous, hommes libres de la Pologne, d'en contracter avec des despotes. Ceux-ci passeront , les peuples. seuls sont immortels : les intérêts des despotes sont ridicules & éphémères : les intérêts des nations sont immuables & permanens comme les sources où ils sont puisés. Qu'avons-nous gagné par ces traités avec la Russie, la Prusse & l'Empereur ? Nous avons perdu notre liberté, nos droits à la patrie : ce n'est qu'en ne cessant de combattre des alliés aussi perfides que nous parviendrons enfin à les reconquérir.

Fin de la seconde partie.

NOTES.

(*a*) Comme on peut le voir dans l'ouvrage intitulé : *Situation politique de la France*, par Peyssonnel, tom. II, page 253, édit. de 1790.

(*b*) C'étoit le ton de la cour de Russie à Pétersbourg, à Kijow & à Chêrson, dans le temps de l'entrevue de Catherine & de Joseph II, empereur d'Allemagne, en cette dernière ville, de ne pas nommer autrement le roi de Prusse, que *le petit marquis de Brandebourg* ; & en parlant de la personne de Frédéric-Guillaume, d'employer le sobriquet que l'on donnoit dans l'antiquité, par dérision, aux sectateurs d'Epicure.

(*c*) Le conseil, connu sous le nom de *permanent*, rendoit, au moyen de ses attributions, la Czarine de Russie, maîtresse de la Pologne. Ces attributions étoient, 1°. la surveillance directe de l'exécution des loix, & la direction de la partie politique & administrative des affaires étrangères ; 2°. l'interprétation des loix. — Il étoit composé du roi, de douze sénateurs, & de vingt-quatre nobles choisis par la diète, parmi ses membres. Le choix se déterminoit par l'influence que le roi & l'ambassadeur de Russie savoient s'y ménager. Par ce moyen, la Russie influant sur la surveillance du pouvoir exécutif, dirigeoit les opérations de toutes les commissions exécutives du gouvernement, c'est-à-dire, de celles du trésor, de guerre, de justice, de police, d'instruction publique & des affaires étrangères. — L'interprétation des loix, par l'intermédiaire du conseil (autre attribution de celui-ci), la rendoit même l'arbitre des propriétés individuelles. — Tel étoit le gouvernement imposé à la Pologne, *par le génie de la Grande-Catherine*.

—Tâchant, par tous les moyens d'aftuce, de terreur & de corruption, d'entretenir dans l'erreur la noblesse de Pologne,
qui pour lors s'attribuoit exclusivement la souveraineté nationale, elle vouloit lui faire considérer le conseil permanent,
composé toujours de membres du corps de nobles, comme le
plus sûr garant de fes libertés antiques & de fes privilèges.
— Les diètes de Pologne ne s'assemblant que tous les deux
ans, & ne pouvant fe tenir que pendant l'intervalle de fix
femaines : autre loi prétendue fondamentale, & garantie
par la violence ruffe, employoient tout leur temps à examiner les opérations du conseil. Chaque assemblée trouvoit
une ample matière à accufer & examiner les iniques travaux de deux ans. Mais rarement parvenoit-on à pouvoir
caffer quelques arrêtés du conseil, & ce n'étoit encore que
ceux fur des objets particuliers & peu intéreffans pour la
nation. On finiffoit donc ces diètes & ces difcuffions, par
demander la caffation du conseil ; mais c'étoit toujours
en vain ; car une autre loi, encore impofée & foutenue
par la Ruffie, lui fervoit à rendre toutes les réclamations
patriotiques infructueufes & nulles. Cette loi, connue fous
le nom de *liberum veto*, attribuoit individuellement à
chaque député un droit fuffifant pour anéantir toutes les
délibérations & arrétés de la diète. Il fuffifoit à cet effet
de prononcer cette feule parole, *veto*, fans même la mo-
tiver, & s'opiniâtrer à ne pas la rétracter. — Cette loi fait
partie effentielle du prétendu traité de 1775, conclu par
la diète de cette année, entre la Ruffie & la Pologne, au
temps du premier démembrement de ce pays : traité monf-
tueux & abfurde de garantie du gouvernement, caffé
par la diète conftituante de 1788 tenue jufqu'à la fin
du mois de mai 1792, où elle fut malheureufement pro-
rogée à un temps illimité, le roi ayant folemnellement dé-

claré qu'il fe mettoit à la tête de l'armée qui combattoit déjà contre les Ruffes.

(*d*) Les Polonois ont voulu que cette diète de 1788 fût confédérée, afin que les objets qui devoient s'y traiter, pûssent être arrêtés par la pluralité des fuffrages. — Les confédérations en Pologne, depuis leur origine, n'étoient autre chofe que des infurrections partielles de la nobleffe contre les abus du gouvernement, ou contre le gouvernement lui-même. Dans le premier cas, la nobleffe confédérée contre le pouvoir exécutif, demandoit, à main armée, le redreffement de ces abus. Lorfque les confédérés fe trouvoient affez en force pour faire convoquer une affemblée repréfentative ou une diète, cette diète s'appelloit *confédérée*, & formoit une efpèce de confédération civile. Dans ce cas, l'affemblée entière ayant les mêmes vues dans fes opérations, excluoit néceffairement l'exercice du droit individuel du *liberum veto*, & foumettoit à la pluralité des fuffrages la décifion des objets pour lefquels tous les nonces ou députés des diftricts s'étoient réunis ou confédérés. Quelquefois les députés affemblés en diète, ne trouvant pas d'oppofition de la part du gouvernement, ou de la violence étrangère, fe conftituoient en une une diète de ce genre. Celle de 1788, a préfenté une confédération de cette nature, c'eft-à-dire, confédération civile. La confédération formée à Pétersbourg, au commencement de l'année 1792, connue fous le nom de *Targowice*, village où elle a été proclamée le 14 mai de la même année, ayant pour principe la volonté de Catherine, pour foutien les troupes ruffes, & pour but la deftruction du gouvernement que la nation avoit accepté, préfente la feconde efpèce de confédération, c'eft-à-dire, de confédération contre le gouvernement, connue en Pologne fous le nom de *rokofz*, ou rébellion.

(e) Le roi de Pruſſe prétendoit entendre par le ſtatû quo, arrêté à Reichenbach, pour ſervir de clauſe eſſentielle au traité de paix avec la Porte, que l'empereur d'Alle-magne, ainſi que le Sultan, devoient reſter en poſſeſſion de tout le territoire dont ils avoient reſpectivement joui avant la guerre; mais le miniſtère de Vienne, au temps des conférences de Szyſtow, a refuſé d'entendre cette clauſe de la même manière, ſoutenant que ce *ſtatu quo* déſignoit, non-ſeulement la poſſeſſion du territoire telle que l'empe-reur en jouiſſoit avant la guerre, mais encore telle qu'elle lui paroiſſoit devoir appartenir. Ceci peut donner la meſure de mépris qu'on portoit à la convention de Reichenbach.

(f) Le droit de poſſeſſion de la ville de Dantzic, ſéparée de la Pologne depuis le premier démembrement du pays, par toute l'étendue de la Pruſſe occidentale, n'apportoit que de très-foibles avantages à la république de Pologne. Ils conſiſtoient en un don annuel de douze mille ducats de Hol-lande, que la ville faiſoit au roi de Pologne pour le main-tien de ſes privilèges : ceux-ci, quoique infiniment préju-diciables au commerce de la Pologne, parce qu'ils ren-doient les négocians de la ville de Dantzic les arbitres du prix de toutes les productions de ce pays, étoient toujours reſpectés par les Polonois, leur bonne-foi les empêchant d'y porter la moindre atteinte.— Lorſque les Dantziceis ſe furent apperçus que le roi de Pruſſe déſiroit d'entrer en négociation avec le comité des affaires étran-gères de la diète de 1788, au ſujet de la ceſſion de cette ville, ils tâchèrent de toute manière à y mettre des en-traves, perſuadés que ſi le roi de Pruſſe s'emparoit de leur ville, & de leur port, leurs privilèges ne ſeroient nullement obſervés, & tourneroient à l'avantage des ſujets pruſſiens. Le magiſtrat de Dantzic invoqua la protection de l'impé-

ratrice

tratrice de Russie, pour le garantir de la domination prussienne. Cette cession n'eut pas lieu pour lors, la diète n'y
ayant pas accédé ; mais dans l'année 1793, la Russie fit
présent du magistrat & de la ville de Dantzic au roi de
Prusse, pour recompenser celui-ci de son mérite constant
à exécuter servilement ses projets & ses ordres impériales.

(*g*) Les expressions de la note du ministère de Dannemarck, dont il est ici question, se ressentoient de cette
espèce d'avilissement dans lequel la Russie a constamment
entraîné ses alliés ; combien elles constrastent avec la dignité
qu'a déployé le Dannemarck, depuis l'époque où brisant des
liens également honteux & perfides, il a consolidé par
un heureux rapprochement de la Suède son indépendance & sa gloire ; elles étoient les suivantes : « Il
» paroît donc à sa majesté danoise, qu'il est possible de
» proposer aux cours alliées d'adopter le *statu quo* limité,
» auquel l'impératrice paroît avoir consenti d'avance. Si la
» Russie garde Oczakow & son territoire jusqu'au Dniester,
» pourvû que les fortifications de cette place soient rasées ;
» peut-être sous la condition de ne les jamais relever ;
» peut-être d'y ajouter celle de ne point établir des colonies
» militaires dans tout ce pays ; peut-être d'y établir un dé-
» sert passant : ce sont autant de possibilités tirées, & de la
» nature des choses qui peuvent fonder une négociation, &
» terminer des moyens. *On pourroit encore en trouver dans*
» *les preuves d'une amitié renouée par des conventions*
» *indépendantes du théâtre de la guerre, agréables aux cours*
» *alliées, & qui renoueroient les liens d'un systême amical,*
» *rétabli dans toutes ses parties.* »

(*h*) Les déclarations verbales que Lucchesini cite dans
cet endroit pour preuve de la vertu de son maître, &
que cependant il ne croyoit pas convenable de présenter
par écrit, étoient contenues dans ces termes. « J'ai ordre,

» de la part de ma cour, de déclarer que le roi mon maître
» n'a nullement contribué à la constitution du 3 mai, &
» que si le parti patriotique vouloit la défendre par la force
» des armes, le roi ne se croyoit pas obligé à le secourir
» en vertu du traité d'alliance. »

(i) De tous les ministres qui l'ont précédé, aucun n'a possédé dans un degré aussi éminent l'art de tromper. Benoit & Blanchot, Français d'origine, agens employés à Varsovie, par Frédéric II, au temps du premier démembrement de la Pologne & depuis, étoient des exécuteurs fidèles des crimes de leur maître, auquel ils devoient être naturellement dévoués. Mais Lucchesini doit être envisagé comme l'ame de Frédéric - Guillaume, qui, si elle cessoit de l'animer un instant, ne sauroit faire un pas dans la carrière périlleuse où son avidité & l'astuce des cours coalisés l'ont entraîné. Lucchesini, convaincu que quand il se sépareroit du corps de son maître, celui-ci abandonné à son impéritie, ne songeroit qu'à s'amuser avec ses filles & ses illuminés, & feroit sentir par-là à la coalition qu'il se détache de ses intérêts, s'est rendu à Vienne pour y comploter avec les agens anglais, russes & le ministère de l'empereur, sur les moyens de tirer d'embarras son maître, & pour gagner pour lui-même de l'argent de l'Angleterre, de la Russie & de l'Autriche, & en gagner encore près de son maître. D'autres agens, comme Benoit, Blanchot & Buhholtz, &c. servoient leur maître comme des sujets qui servent pour avoir des pensions, des cordons rouges, bleus & noirs, & des retraites prétendues honorables. Lucchesini, outre les pensions, outre les cordons de toutes les couleurs, gagne, & de ceux qu'il sert, & de ceux qu'il trahit. A Varsovie, le traité d'alliance de son maître avec la diète de Pologne, lui a valu au moins quinze à vingt mille ducats. Au congrès de Szystow, où l'on négocioit le traité de paix avec la Turquie, il en gagna de côté & d'autre jufqu'à quarante mille ducats. Mais outre ces gains , qui font réputés pour des revenans bons aux miniftres des rois, Lucchefini favoit s'en inventer d'autres, qui prouvent combien il fait combiner un agiotage mercantile avec la jonglerie de fa diplomatie italienne.—Au moment de fon départ de Varfovie il fut encore efcroquer au-delà de vingt mille ducats à Staniflas. Ce roi , qui a été le plus fieffé diffipateur de fon pays , après avoir contracté la valeur de plufieurs millions en Hollande , & ne pouvant puifer dans le tréfor public pour faire face à fes dépenfes en maîtreffes, peintres, chanteurs, chanteufes, italiens, apologiftes & courtifans, efpions dans l'étranger , &c. &c. avoit fait une émiffion de fes billets pour quelques millions de florins de Pologne ; ces billets perdoient pour le moins deux tiers de leur valeur. Lucchefini en fit l'acquifition *au rabais* pour plus de vingt mille ducats ; & au moment de partir de Varfovie , après s'être diftingué comme nous l'avons fignalé ci-deffus , il fe préfenta à Staniflas , lui demanda le paiement de ces billets , le menaçant de fa langue veneneufe & de la grande colère de fon maître Frédéric-Guillaume , s'il ne les lui payoit pas comptant. Staniflas, pour fe ménager les bonnes graces du valet & du maître, fe défit de fes épaulettes en gros brillans, & paya la valeur totale indiquée dans fes billets.—Obfervez encore que , fi Frédéric-Guillaume , ennuyé des fatigues de la guerre, & fe décidant de bonne foi à fe féparer de la coalition , & à vivre en paix avec fes voifins , ce qui ne paroît pas probable, faifoit de lui-même quelques démarches y relatives , Lucchefini & fes affidés auprès de Guillaume , fauroient dans peu de temps les lui faire dénier , en lui prouvant que ce n'eft que fa vertu & fa probité individuelle qui l'ont entraîné à féparer fes intérêts de ceux de la coalition , & à engager à cet effet fa parole, à laquelle, il eft vrai, fa majefté ne devroit pas manquer comme honnête-homme ; mais qu'elle n'étoit pas obligée de tenir comme un grand roi, intéressé à la gloire de ses sujets. —C'est d'un pareil raisonnement que Lucchesini, son beau-frère Bischofswerder, Schulembourg & compagnie s'étoient servi pour absoudre Frédéric-Guillaume, de la perfidie de la rupture de son traité d'alliance solemnellement contracté avec la Pologne.

(j) Note présentée par le comte Malakowski, grand-chancelier de la couronne, par ordre de la confédération de Targowice, à M. de Buhholtz, ministre du roi de Prusse à Varsovie, le 12 décembre 1792, au sujet de la nouvelle de l'entrée des troupes prussiennes en Pologne.

« La sérénit... confédération ayant reçu des rapports de la part de M. Byzrewki, lieutenant-général & commandant la division de la Grande-Pologne, ainsi que d'autres différens endroits, au sujet d'une nouvelle qui se répand dans le pays, sur la destination d'une partie des troupes prussiennes qui devoient entrer hostilement sur le territoire de la république, ou former un cordon sur ses frontières; le soussigné a reçu ordre de déclarer à M. Buhholtz, envoyé extraordinaire & ministre-plénipotentiaire de sa majesté le roi de Prusse, que quoique la république, pleine de confiance dans les sentimens d'un monarque, ami & allié, ne sauroit envisager ces nouvelles autrement que comme des faux bruits, répandus exprès pour mettre en doute les rapports d'amitié subsistans entre sa majesté prussienne & la république de Pologne, ainsi que pour exciter l'inquiétude dans les esprits & causer des troubles dans l'intérieur du pays; comme cependant le moyen le plus sûr & le plus efficace de détruire les bruits ainsi répandus, est d'obtenir une assurance positive à cet égard de la part de M. l'envoyé; la confédération s'y attend, d'autant plus qu'elle servira à tranquilliser les esprits, &

à inspirer à la nation polonoise une parfaite confiance fondée sur les sentimens de sa majesté prussienne, & sur les titres du bon voisinage, d'amitié & d'alliance qu'elle voudroit toujours conserver. — Le soussigné s'acquittant par la présente note des ordres reçus, se flatte que M. l'envoyé voudra bien y répondre conformément à l'attente de la confédération. — Fait à Varsovie le 12 décembre 1792. *Signé* MALACHOWSKI. »

RÉPONSE du ministre prussien, à la note, ci-dessus.

Le soussigné, envoyé extraordinaire & ministre plénipotentiaire de sa majesté le roi de Prusse, n'ayant de la part de sa cour aucune notion relativement aux nouvelles & à l'opinion généralement répandues, suivant la teneur de la note en date d'hier, de son excellence M. le comte Malachowski, grand chancelier de la couronne & président du département des affaires étrangères, répondant à la demande : Si une partie des troupes de sa majesté prussienne est destinée soit à entrer sur le territoire de la république de Pologne, soit à former un cordon sur ses frontières, ne sauroit satisfaire plus efficacement à la demande de la république, qu'en promettant de donner connoissance au ministère de sa majesté prussienne de la note qu'il vient de recevoir ; & c'est ce dont il ne tarde pas de prévenir son excellence M. le grand-chancelier de la couronne, afin de le mettre à même d'en faire son rapport là où il appartient. Il lui fait observer en attendant, que les sentimens de sa majesté prussienne, en ce qui regarde la tranquillité & tout ce qui peut y contribuer, sont trop connus pour pouvoir leur donner, sur de simples bruits, tels que ceux dont il est question, une interprétation contraire. — Fait à Varsovie ce 13 décembre 1792. *Signé*, DE BUHHOLTZ.

(*k*) Cette déclaration du 16 janvier 1793 fut suivie d'une autre, en date du 24 février de la même année, relative à l'envahissement du territoire, de la ville & du port de Dantzic, à laquelle le roi de Prusse imputoit aussi d'être le siege de la secte des Jacobins. Le retard de la publicité de cette derniere déclaration doit être attribué à ce que l'Angleterre y avoit différé son assentiment. On remarque dans ces déclarations du 16 janvier & du 24 février cette différence, que dans la premiere le roi de Prusse ne parle que de l'assentiment de l'empereur, & que dans l'autre il déclare positivement, *qu'il s'est entendu au sujet de Dantzic avec les puissances y ayant un intérêt commun.*

(*l*) Catherine se nomme impératrice *de toutes les Russies*, pour prouver par-la, qu'outre le pays moscovite, appellé Russie, la Russie blanche, rouge & autres provinces de l'Ukraine, appellées du même nom, & composant incontestablement le territoire de la Pologne, depuis envahi par les troupes, lui appartiennent.

(*m*) Ces desseins sont détaillés dans la déclaration de guerre à la nation polonoise, en date du 18 mai 1792, & prouvés suffisamment depuis, par le dernier démembrement de la Pologne, qui en a été la suite.

(*n*) Quelle autorité, quel droit pouvoit rendre légitime la rebellion de Targowice, suscitée à Pétersbourg & appuyée depuis par les barbares satellites de Catherine ?

(*o*) Non, ils n'ont pas été vaincus, mais trahis, & abandonnés par le roi & ses complices, qui livrerent la nation à la merci de la prétendue magnanimité russe.

(*p*) N'est-ce pas se jouer de tous les principes d'humanité, que de les attribuer aux bourreaux qui dévastoient notre pays par le fer & la flamme ? C'est sous les ordres de ces *humains* généraux, qu'à la bataille de *Boryszkowce*, en 792, les cosaques s'étant approchés des bagages de l'armée polonoise, perçoient de leurs lances les femmes

affifes fur les chariots de bagages, & les enfans qu'elles
tenoient dans leurs bras ; & foulevant ces enfans fur la
pointe des piques, les montroient ainfi à leurs mères expi-
rantes. C'eft dans cette campagne, comme dans les précédentes, que ces barbares ne refpectant ni l'âge ni le fexe, cou-
poient les nez, les bras, & comptoient au nombre de leurs
trophées ces membres palpitans difperfés dans les campagnes,
au milieu des ruines & des cendres. . . . .

(q) Eh ! pourquoi les fomentoit-elle ?

(r) Jamais il n'y eut en Pologne de clubs de Jacobins,
ni indépendans ni affiliés avec celui de Paris. Mais parce
que dans des fociétés particulières on témoignoit le defir
de fecouer le joug du defpotifme, qu'on fe réjouiffoit
des fuccès des armées françaifes, & qu'à l'exemple de ce
peuple généreux, on vouloit rendre la jouiffance de la
liberté aux cultivateurs, ferfs jufqu'alors ; abufoit-on par-
là de ces principes & de ces droits facrés que la nature
a gravés dans les cœurs de tous les hommes, pour le
bonheur des individus ainfi que pour celui des nations ?
Appartenoit-il d'ailleurs à la Czarine de Ruffie de fe rendre
l'interprète des vœux & des intentions d'une nation indépendante, & de s'attribuer le droit de décider de fon fort ?

(s) L'envie de détourner de fes frontières une épidémie, foit phyfique, foit morale, donne-t-elle à une
puiffance le droit de s'approprier le territoire d'un autre ;
& fur-tout lorfque cette épidémie n'eft que dans l'ima-
gination alarmée d'un defpote ?

(t) Il feroit curieux de favoir où la Czarine & le roi
de Pruffe ont puifé le droit qui les autorife à déterminer
les degrés & les proportions convenables aux nations indépendantes ? Par quels principes ces nouveaux géomètres
politiques penfent-ils pouvoir réfoudre ces problêmes de

leur monstrueuse diplomatie ? En effet, ce langage inouï jusqu'à nos jours dans le code des droits des gens, ne livre-t-il pas les propriétés de chaque nation à la balance de la perfidie, au compas de l'avidité de ces despotes ; & ne doit-il pas enfin dessiller les yeux de l'Europe entière, trop long-temps aveuglée sur leurs absurdités & leurs forfaits ?

(z) Sur ce fondement on auroit donc pû s'emparer de toute la Pologne, c'est-à-dire, jusqu'au point où l'on ne trouveroit plus de frontières.

(x) Felix Potocki, choisi par la Czarine de Russie pour être le principal instrument de ses intrigues en Pologne, fit un présent de cent mille ducats à Zubof, favori de la majesté femelle. Lorsqu'en 1791, trompé dans ses desseins criminels il revint à Pétersbourg, on l'avertit qu'il n'y étoit plus nécessaire. Abhorré en Pologne, dédaigné à Pétersbourg même, éprouvant le sort réservé aux traîtres à la patrie, il se réfugia à Hambourg avec tout l'argent qu'il a pu ramasser, méritant, par la prodigalité de ses dépenses, la protection du noble sénat de cette ville.

Voyons quel est le jugement que porte l'auteur de la brochure déjà citée d'*Histoire de la prétendue révolution de Pologne, en 1791,* sur la personne de Felix Potocki, & sur sa conduite envers sa patrie, *page 48.* « M. le comte » Potocki, général d'artillerie, avoit fait graver sur les » canons dont il fit présent à la république :

» *Bello nunquam civili.*
» *Il ne prévoyoit pas alors que la corruption de ses con-* » *frères le forceroit à se mettre à la tête des mécontens,* » *c'est-à-dire, des confédérés de Targowice & des Russes.* » On pourroit juger par ce seul passage de l'esprit dans lequel est écrit l'ouvrage entier.

De l'Imprimerie de Belin, rue Jacques, N°.